# 彌漫在秋光裡的
# 法國香頌

旅遊
文學集

著

# 行走於書裡書外

　　楓子囑我為她即將出版的新書寫一個導讀。「由你來寫是最合適的，」她說，「所有這些文章都是在我們的共同見證下誕生的，也是一段我們共有的美好回憶。」正是這句話打動了猶豫再三的我。是的，作為該書內文的第一位讀者和編輯，我應該寫點什麼，讓讀者更好地瞭解楓子和她的書。

　　我與楓子相識的日子不短了，越來越覺得她是一個極為真誠、熱情而又富於浪漫情懷的人，一個孜孜不倦地追求心靈成長的年輕作家。對於充溢著精神性的美好文字，她有著一種近乎執拗的虔誠。這種虔誠引領著楓子行走於書裡書外，去拜謁一座座文化、思想的聖殿，與此同時，也拿起筆，一字一句地構築著屬於自己的精神之塔。

　　本書中的十九篇文章其實是楓子擔任加拿大文化雜誌《此時此刻》專欄作者時的作品結集。專欄名稱叫「讀書行路」，是楓子擬定的，誠如她在〈莎士比亞書店〉一文中所說：

這個欄目的名稱寓意著我的人生理想：一半時間在書房，一半時間在路上。讀書、旅行，是我生命中最快樂的事情。讀書可以使我獲知世界上那些不能抵達的地方的人和事，讓我的視野更廣闊，心胸更包容，豐富智慧上和道德上的想像力。而行路則使我得以親身去驗證那些從書本裡獲悉的知識和經驗，感知生命中最鮮活最生動的點滴事件；而反過來那些親身獲得的經驗又會促使我去閱讀更多相關的書籍以尋找堅實的理論依據……樂此不疲。

　　讀書行路，這是楓子（我相信也是任何人）精神成長的路徑。讀書能夠開啟一個個嶄新的世界，而行路，又將書裡與書外、理想與現實連接在一起。毋寧說，當我們人在書房，心靈已經在路上，去到無遠弗屆的地方，任意翱翔。正是自由不拘的心靈，使楓子的文章有了一種隨意、流暢、變幻的特點，不同的閱讀、拜訪，帶給她不同的感受，心由境生，意隨筆到，於是她的文字時而深沉蘊藉，時而輕快活潑，時而像春花般明媚，時而似秋雨般濁重。讀書與行路，在她的筆下又是相互交織，綿密一體的。書中大部分文章，既不是傳統的遊記，也不是一般意義上的書評或讀後感，而是書裡書外兩個世界交相呼應，你中有我，我中有你。坐在花神咖啡館，品味著《女賓》裡薩特與波伏娃的驚世愛情；讀了普魯斯特的《追憶似水年華》，就一路追尋到他的家鄉貢布雷小鎮……楓子用自己細膩的心靈感受力、豐富的思維

想像力連綴起這兩個世界，遊走其間，興味盎然，也將閱讀和行走的快樂，通過她的文字傳遞給我們。

　　楓子無比深摯地熱愛和眷念著歐洲文化，它的文學、音樂、建築、繪畫……滋養著她，豐富著她的心靈。那塊古老的土地既是她的精神培養基，也是她心心所向、夢魂所繫。本書中的十九篇文章，大部分都是關於歐洲文化的，而其中，介紹法國文化的更是占了大半。本書最後定名為《彌漫在秋光裡的法國香頌》，我想也是因為那流淌其間的法式浪漫，最能代表楓子的文風並體現全書的意境之故吧。法國可以說是楓子的心靈故鄉，許多人讀了她的文章，都以為作者必定長期在法國生活過，因為她筆下的法國，是那樣的親切稔熟，老舊的左岸香頌，巴黎的陳情往事，還有那些咖啡廳、博物館抑或長眠著名流佳士的墓園，都可以如數家珍般地娓娓道來。當楓子告訴我她迄今為止只去過兩次法國，加起來不過一個多月的時間，我真覺得難以置信。

　　不過，深入一想，又覺得這其實不難理解，因為楓子生活在加拿大的魁北克省，在這塊與歐洲有著千絲萬縷聯繫的土地上，她時時處處都在感受著歐洲的風韻，經受著歐風美雨的濡染。魁北克是曾經的「新法蘭西」，而她居住的蒙特利爾，是世界第二大法語城市，號稱美洲「小巴黎」。與法蘭西一脈相承的文化精神，每天都躍動在她的視野裡，滲透於她的生活中，並化為筆下濃濃的法式情懷。她與歐洲的距離看似遙遠，其實很親很近。

　　不過，也正是因為本書作者生活在加拿大，所以看待事物往往有著不同的視角，並在很多文章中都留下了北美生活的印

記。例如〈到左岸咖啡館朝聖〉中，她將北美色彩斑斕的馬賽克文化與具有深厚歷史蘊含的法國文化進行比較；〈到百老匯看音樂劇〉中，專門提及歌劇《巴黎聖母院》中第一男主角扮演者是來自加拿大的魁北克省；〈展示一個城市的靈魂〉中，開首就提到「蒙特利爾國際藝術電影節」，並不忘在最後借受訪人之口誇獎蒙城是「一座很年輕很藝術的城市」。當然，作者還有很多特別的感受，也是不為亞洲讀者所瞭解的。比如〈歐洲一年〉中，楓子的願望是盼著孩子年滿十二歲，那樣她就可以隨意去聽音樂會了，因為加拿大的法律規定，十二歲以下的孩子不可以獨自在家，等等等等。這些內容，相信對於喜愛和希望瞭解北美文化與生活的讀者也會有所助益。

　　本書的篇目次序經過刻意安排，與在專欄刊登時並不完全一樣。細心的讀者會發現，全書是以時間為經線來展開的，首篇〈歐洲一年〉，是作者理想中的「一年讀書行路計畫」，接下來，隨著時間、季候的遞進，依次展開一段段心靈之旅，以海外生活中培養的獨特視角，遊歷亞歐美時採擷的鮮活經歷，將生活、書籍、藝術、文化裡各樣的點滴資訊融匯交揉，附上自己的思考與詰問，成就一篇篇滲透著思想和智慧光芒的優美小文。而末篇〈莎士比亞書店〉，又可看作是對全書的一個總結和回顧。在這篇文章的最後，楓子寫道：

　　　　我享受讀書，耽於讀書帶來的幸福。……得益於這一年半的專欄寫作，使我可以靜心讀書，在閱讀中享受那份與作

者交流時身體的孤獨。那些智慧的語言把靈魂的生命向我敞開，被這樣的文字滋養時，我覺得自己變得又謙卑又富有，又多愁又幸福。所以我一直認為生活中最快樂的日子，就是在我讀書寫作的那些時候。

現在，就讓我們走進這《彌漫在秋光裡的法國香頌》吧，去找尋、去體驗、去分享楓子所感受到的快樂——在字裡行間，在書裡書外。

林　錦

加拿大蒙特利爾文化雜誌《此時此刻》主編

# contents

# 歐洲一年
# A Year In Europe

　　歲末年初，很多人都在寫自己的New Year's resolution新年願望。這樣的願望一般都是很具體，很量化，寫者情也誠，意也切，真的以為在將來的一年裡這些美好的願望可以夢想成真。

　　我呢，在這樣辭舊迎新的季節裡，也常會不由自主地被這氣氛帶動著做做夢。其實不要說新年願望，我在一年裡的很多時候，也常常做這樣的憧憬：

　　第一個很量化的願望，就是等寶寶年滿十二歲，我就可以丟下他自己在家，放心無掛地去聽音樂會了。那會兒連法律都管不著了，我愛聽到多晚都行，週末出去一整天也沒問題。那將是多麼奢侈寶貴的自由啊！現在寶寶還小，我每年給自己定下的音樂會場次不能超過五次，因為只有一兩個朋友可以託付，所以我一定要精選再精選那些演出節目，細細研究小心甄別，然後才會鄭重其事地在電腦上點擊那個「購買」鍵。而每一次把寶寶託付在朋友家自己衝進夜色的「出逃」，於我都是那樣的激動振奮、難能可貴！

第二個很量化的願望就是等寶寶年滿十八歲，我就可以永遠地「出逃」了！這樣的美夢做做都令人振奮：想像著寶寶一邁進大學的校門，我就急不可耐地收拾好自己那塵封多年的行李箱，對過去十八年來專職媽媽的工作做一次永遠的告別，然後穿上牛仔褲，蹬上旅遊鞋，身體那樣輕盈，心兒那樣自由，快樂輕鬆得像一隻小燕子，唱著我十七歲生日時唱過的那首歌：

　　　　背起行囊穿起那條發白的牛仔褲，裝作若無其事的告別，
　　　告訴媽媽我想離家出遊幾天，媽媽笑著對我說，別忘了回
　　　家的路。

　　而那時，我則是要裝作若無其事地告訴寶寶：媽媽要離家出遊幾年，你要照顧好自己哦！
　　仿照彼得・梅爾的《普羅旺斯的一年》（*A Year in Provence*），「離家出走」後，我也為自己設想了 A Year in Europe，一個「歐洲一年」的美夢——
　　在夢裡，我將盡情揮灑那十八年來從不曾奢望的、完全屬於我自己的寶貴時間，我將去那些一直叫我魂牽夢縈的地方住下來，住上它滿滿一年，把自己當作本地人一樣，即便是在租來的房子裡，我也要插滿鮮花，開灶做飯，認認真真地展開一段新的生活，徹底放逐一下我那久錮腐鈍的心靈。
　　那個浪漫美夢將從冬天開始。
　　十二月份，我瀟灑地揮別魁北克的冰天雪地，乘著歌聲的

翅膀飛到了義大利托斯卡尼的豔陽下。是兩部女性題材的美國電影讓我對托斯卡尼深深地著了迷：《托斯卡尼豔陽下》（*Under the Tuscan Sun*）和《給茱麗葉的信》（*Letters to Juliet*）。對我來說，喜愛一部電影有時並不是因其好看的故事情節，相反，往往就是一些沒那麼緊要的元素，比如配樂，比如畫面，比如布景，比如道具，甚或是一晃而過的路人甲或道具乙，卻正是深深吸引我的主要原因。對我來說，這兩部情節簡單氣氛輕鬆的電影，簡直就是托斯卡尼旅遊局委託好萊塢為其拍攝製作的風光大片：那遼闊無際的一脈平原，那明晃晃金燦燦的絢爛陽光，那和煦溫暖的醉人微風，和那微風吹動橄欖葉而折射的閃爍銀光。那些中世紀的古老村落，那些溫暖色調的鄉間房舍，那些叫人眼花繚亂的週末集市，那些琳琅滿目的土產特色……所有這些，都叫我心心嚮往，熱切渴望！當然更少不了那著名的托斯卡尼美食，那可是法國大餐的本源，要不是當年佛羅倫斯梅迪奇家族的公主將作為陪嫁品的托斯卡尼廚師一同帶去法國皇宮，法國人還不知要繼續吃上多少年的手抓飯呢！

我將在這裡租下一間農舍，作為我歐洲一年生活的基地。我會去市場上買來當地土布織成的床單被罩，窗簾桌布，令我的陋舍頓時充滿了親切的本土氣息。我會把從集市裡淘來的靜物畫和風景畫掛在牆上作為裝飾，我相信骨血裡浸潤著千年文明的義大利人，哪怕是普通匠人描繪出的畫面亦不會俗氣到哪裡去。我會用晾乾的或新鮮的食材香料將櫥櫃和冰箱填滿，像當地人一樣認認真真兢兢業業地烹飪每一頓美食。我還會儲備百十來瓶各色好

酒，用以佐餐煮菜不同用場，就像我要在這裡住上很久似的，用也用不完。

在托斯卡尼，我要親眼「看一看」安德列·波切利那嘹亮的義大利男高音——他的歌聲總令我在腦海裡浮現出一幅幅生動流淌的義大利鄉村景色。我也要親自去「聞一聞」那掛滿枝頭葡萄的紫色——每當我品嘗義大利紅酒時總似聞到了那果肉和果皮不同的味道和顏色。我還要學說幾句簡單的義大利語，跟那些又淳樸又不靠譜的義大利人交交朋友，學著他們的樣子對一切都不當真，忘掉規則和戒律，培養一種瀟灑放鬆的人生態度（譬如把交通燈的黃色看作是裝飾品，把交通燈的紅色當作是一種建議）。當然，最讓我憧憬的還是參加他們的露天餐舞會：橄欖樹下，鋪著花布的餐桌上擺滿了從托斯卡尼肥沃土地裡可以收穫的一切：鮮花、水果、醃橄欖、曬番茄、沙拉、麵包、香腸、紅酒。眼前是帥氣的義大利男人和漂亮的義大利女人，耳邊是刀叉杯盤的碰撞聲，人們的笑語歡聲，和曼陀林奏出的浪漫琴聲……就這樣我把自己扔在托斯卡尼的土地上，徹底放肆，沒有節制沒有顧忌地享受生活，享受美食，慵懶愜意，不顧後果。

當春天來時，我就繼續南飛，去歐洲的天涯海角：西班牙。西班牙吸引著我的，不是鬥牛，也不是火腿，而是一支曲子，和一部電影。

那支曲子已經在我靈魂裡駐紮了二十多年。小時候，弟弟的吉他彈奏曾一度到了爐火純青的地步，甚至都能熟練地運用輪指，甚至都敢演繹那首最著名的吉他曲〈阿爾罕布拉宮的回憶〉。

那首曲子是那樣地憂傷和惆悵，淒美的旋律裡面彷彿糾結纏繞著那樣多欲說還休欲言又止的過去和回憶。於是阿爾罕布拉宮就成了我的一個想往，格拉納達那座摩爾人的皇宮便成了我一個夢想的所在。

有時候，我更願意以積極的態度來看待舊時的爭戰與侵略：十字軍東征雖然野蠻殘酷，卻也帶來了大翻譯運動及其產生的最直接輝煌的成果：文藝復興運動。土耳其人的西征入侵，竟意外地將香濃的咖啡介紹給了維也納，更給了莫札特一霎的靈感，我們從而得以欣賞到那優美的歌劇《後宮誘逃》和樂曲《土耳其進行曲》。同理，如果沒有當初北非摩爾人在格拉納達建立的阿爾罕布拉宮殿，那麼今天我們也就聽不到這首世界上最美麗的古典吉他名曲了。

這首吉他曲是那樣的婉轉惆悵，以致我一定要追隨著那悠遠的旋律親自去到阿爾罕布拉宮，我想坐在夕陽中的古老城牆底下，用眼睛看，用耳朵聽，用鼻子聞，用心來感受，那掩藏在旋律背後的時空交錯，那古今東西的交織穿越——想想就在這座宮殿裡，曾經匯聚著那樣多不可思議的衝突與矛盾：歐洲與非洲，天主教與伊斯蘭教，西班牙和阿拉伯，鼎盛和衰敗，輝煌和落寞……置身其中，史書上的那些記載一定會鮮活跳蕩生動活潑起來：伊莎貝拉女王，哥倫布，新大陸；非洲，阿拉伯，摩爾人；再扯遠一點，還可以想想塞維利亞，科爾多瓦……

正如奧爾罕・帕慕克在其書《伊斯坦布爾：一座城市的記憶》扉頁中的題詞：「美景之美，在其憂傷」。能夠折射出這樣

憂傷情緒的歷史遺跡是我喜歡造訪的地方。

西班牙吉他曲憂傷卻也浪漫，明朗卻又曖昧。在伍迪‧艾倫的電影《午夜巴賽隆納》（*Vicky Cristina Barcelona*）中，正是那檸檬夜色中淺酌低吟的吉他曲，成了神奇的催情劑，叫那理智現實的女大學生愛上了那個浪蕩子畫家。且不論真實生活中的伍迪‧艾倫在道德生活裡如何備受爭議，他的城市系列電影裡呈現出的那份對夢想的純真追求，對藝術的癡狂熱愛，都是那樣地執著和真誠。他在《午夜巴賽隆納》中呈現的對西班牙、在《午夜巴黎》中呈現的對巴黎那份最真切的嚮往和描繪，就如我現在正在寫作的這篇〈歐洲一年〉，巴不得把自己喜愛的東西全都打包裝在一起來品味來饕餮。於是，巴賽隆納成了我要去住上一段時間的必選城市之一。在那，我要坐在街頭巷尾聆聽所有的西班牙民間吉他曲，我要訪遍高迪的所有建築作品。我要用整個春季來研究琢磨西班牙人血液裡那份藝術天賦和創意從何而來，為什麼我最崇敬的現代藝術大師畢卡索和達利都來自這裡。

六月份，我要北上去到奧地利，在那裡度過整個盛夏。避暑還在其次，主要是去赴兩場音樂盛宴。這是多年來駐紮在我心底最熱切的夢想，我一定要追隨著他們，去現場聆聽我最摯愛的施特勞斯和莫札特。

Andre Rieu的「約翰‧斯特勞斯管弦樂隊」是畫家蘇鳳介紹給我的，她發來的連結是他們在柏林的一場音樂會：*La Vie est Belle*。一個小時的演出我是一口氣看下來的，直看得我血脈賁張，淚花四濺，這真是一場視聽的饕餮盛宴哪——樂隊成員一律歐洲宮廷

風格打扮，連譜架都是鑄鐵花藝的。瀟灑的Andre Rieu既是指揮又是主持人，同時還是第一把小提琴手，長髮飛揚，激情四射，簡直就是當年維也納的小約翰‧施特勞斯的再現。演奏的曲目尤其是我至愛的：有我在布拉格查理大橋上聽到的那首*Lara's Theme*；有剛來加拿大時陪伴了我一個春天的*Ramona*；還有那些我一直喜歡的施特勞斯的圓舞曲，悠揚曼妙的鄉村民謠，和歐洲古典樂曲。

Andre Rieu把這些耳熟能詳的曲子演繹出了他們自己的風格：有時似交響樂般雄渾壯闊，有時又似曼陀瓦尼樂隊那流水般的輕盈，又壯麗又浪漫，又抒情又遼闊。聽得臺下的觀眾如癡如醉，不能自拔：有情人在那浪漫的氛圍中禁不住擁吻，有故事的人止不住熱淚盈眶，有激情的人當場跳起了華爾滋，不相識的左右鄰座手牽著手一同與臺上共鳴和唱。

在Youtube上看了他們在世界各地的多場演出，每一場都有不同的呈現和驚喜。所以我希望能有一段自由的時間，專門追隨著Andre Rieu樂隊，置身現場親耳聆聽，真實地虛擬一把那場盛宴，那場夢幻。

在奧地利我還要留出一整月的時間，將「薩爾斯堡音樂節」（每年七月底至九月初）從頭至尾感受一番。一直那樣摯愛莫札特，他的作品永遠是我生活中的主旋律：無論是歌劇還是合唱，無論是協奏曲還是奏鳴曲，無論是宗教音樂還是世俗流行樂曲。聽他的音樂時，我的思緒總止不住遊弋四散，古今穿越：十八世紀、哈布斯堡王朝、宮廷樂隊、假髮套、古典音樂、德國歌劇、維也納、薩爾斯堡、海頓、薩列里……我相信這些對莫札特音樂不著邊際的浮想與聯繫，都能在他家鄉舉辦的這個音樂節中找到蛛絲馬跡，從而可以幫助繚一繚我這紛亂的思緒，也能幫我在那些音符裡找尋藝術的真諦。

當秋天來臨，我於是告別北地，再輾轉回義大利。我發現，我的藝術之旅雖是性隨所至，隨心所欲，但其實它始終離不開滋養藝術的這片豐饒沃土。千百年來，義大利自我更新，自我豐

富，任何最具想像力最具創造力的藝術形式都出自這裡。我是一個矛盾的統一體，一方面被文藝復興時期的藝術大家們所深深折服：波提切利、達文西、拉斐爾、米開朗基羅、提香……因此文藝復興的搖籃佛羅倫斯，原梅迪奇家族的辦公室、現在的烏非奇博物館，一直是我要頂禮膜拜的藝術聖殿，那可是集聚文藝復興所有階段所有形式藝術品的聚寶盆啊，據說如果把烏非奇博物館地下室的藏品搬出來就可以在紐約舉辦整整五年的展覽！我要在梅迪奇的佛羅倫斯住上一段時間，雙腳實實地踏在中世紀鋪就的石板路上，親身穿行在中世紀築就的長街窄巷，親手撫摸騎士們守護過的城牆，用眼、用心去觀瞻和銘記人類歷史上那場最偉大的復興運動中產生的最寶貴的文化遺產。

而另一方面，我卻又被現代藝術那非凡的破壞力和創造力所折服。古老的義大利不是躺在故紙堆裡的廢墟和遺產，而是鮮活地激蕩著時代最前沿的創意和時尚。那個在現代設計界比肩萬國博覽會的「威尼斯雙年展」是我魂牽夢縈多年的一個想往，對於這樣世界頂級的創意設計展覽會，匆匆而過走馬觀花絕對是對它的侮辱和不恭！我一定要在威尼斯住下來，將展冊仔細研究一遍，認真細緻地去觀看那些當今世界上最前衛的時尚設計：無論它是一把廢鐵鑄成的椅子，還是一隻造型獨特的燈泡；無論是一件怪異荒誕的裝置藝術，還是令人費解的行為藝術……我都願抱著一顆寬容的謙遜的心，把這些作品認真鑽研細細琢磨，因為我知道，所有明天理所當然的事物，都是從今天莫名其妙的發明和創造演變而來的。

   彌漫在秋光裡的法國香頌

# 午夜巴黎
# Midnight in Paris

　　每個人對巴黎都有自己的演繹。他（自從那幅《自由引導人民》油畫反映的一八三〇年法國革命後，Paris在法語中就由陰性詞變成陽性詞了）是知識份子宣導的「革命之都」，是奧斯曼改造的「現代之都」，是波德賴爾筆下的「罪惡之都」，亦是雨果眼中的「文明之都」，是埃菲爾締造的「神話之都」，又是現代藝術家們集體描畫的「魔幻之都」。

　　這樣一座「集耶路撒冷、雅典和羅馬於一體的城市」（維克多・雨果），概括了人類最主要的文明和歷史。關於他，地球上每個角落裡的人都有自己的理解和詮釋。

　　七十六歲的伍迪・艾倫（Woody Allen）選擇了一個既魔幻且浪漫的角度來描繪巴黎：一九二〇年代——他心目中巴黎的Golden age（黃金年代）。

　　這部《午夜巴黎》（*Midnight in Paris*）的電影叫我足足看了四遍。明明它就是一部拍給文藝青年看的浪漫輕喜劇，可我看

得並不輕鬆：影片中再現的那些作家們偏偏是我摯愛的，那些畫家們偏偏是我崇尚的，那些老舊的音樂偏偏是我最鍾情的，還有，還有巴黎那雨，那夜，那街燈，那石板路，那大街小巷裡的一切！太多訊息，太多回憶，每一個鏡頭都自有它真實歷史的出處，每一個人物都連帶著他背後的作品和思想。這簡直是一場太過華麗的饕餮盛宴，全是山珍海味，沒有蘿蔔青菜，一時還真叫人難以招架難以消化。

影片一開場就是一組巴黎明信片式的展示，在薩克斯風吹奏的 *Si Tu Vois Ma Mère* 的音樂伴奏下，伍迪・艾倫整整用了三分又十秒

來一一展示巴黎的地標：塞納河，古街道，盧森堡公園，聖心教堂看出去的巴黎全景，紅磨坊，香街及凱旋門，花神咖啡館，塞納河畔書亭，協和廣場，盧浮宮，蒙馬特，埃菲爾鐵塔，……整整六十個場景，從晴天到雨天，從白天到夜晚。一上來就堆砌就羅列，毫不掩飾地把伍迪‧艾倫心中最美的巴黎強加給你，好像一個天真的孩子閃動著亮晶晶的眼睛對你說：看哪，這些全是我的寶貝！

他不在乎這是否太Hard sell，是否不夠深沉委婉。這加了美國爵士樂元素在裡面的巴黎，叫人炫目，使人淩亂，是一個美國佬的演繹，是他自己心目中的浪漫巴黎。

同他的城市系列片一樣，《午夜巴黎》中描繪的也是美國人在他鄉的境遇。Gil是好萊塢的編劇，有著黃金時代情結（Golden age syndrome），最神往一九二○年代的巴黎，海明威、菲茨傑拉德都是他崇敬的偉大文學家。當他一次次在午夜時分被古董車載走穿越回巴黎的Golden age，當他親見那些只有從書本中讀到的一個又一個文學藝術大家，那種熱切神往變成現實後的不可置信，欣喜驚惶，令我懷疑這一切就是伍迪‧艾倫自己曾無數次做過的白日夢裡的情景。

畫家可以用繪畫，音樂家可以用旋律，作家可以用文字來描繪自己的夢。而伍迪‧艾倫不只是導演，還是編劇，還是著名的爵士樂手（定期在紐約的酒吧裡演奏，更在二○○八年來過蒙特利爾「國際爵士樂節」獻藝），所以幸運的他可以用電影——這集大成的綜合藝術形式——來充分描繪他的夢。他描繪得放肆，我更看得貪婪！

在電影裡，伍迪·艾倫藉著一個好萊塢編劇之身，實現了一次自己對一九二〇年代巴黎音樂、文化、藝術的穿越之旅。

整部影片裡他一共在午夜穿越了四個晚上，親見了二十來個偶像，以巴黎所有知名地標為背景，所選音樂都是那個年代流行的。不單只置身其中的男主角Gil看得眼花繚亂，一時間醒不過神來，像我這樣對那些人，那些景，那些音樂或瞭解或熟悉或有點印象或完全不甚明瞭的觀眾，感覺更像是一下子跌倒在雲裡霧裡，懵懵懂懂，一時間分不清這都哪跟哪、誰是誰了。

他穿越見到的第一個大人物就是菲茨傑拉德（《了不起的蓋茨比》作者），他和他那神經質的太太Zelda正在幻覺派藝術家Jean Cocteau的Party上，Gil不敢相信坐在鋼琴前的正是他的偶像音樂家Cole Porter，唱的正是那首有名的*You've Got That Thing*……你看，一上來就是一股腦名人名作的堆砌，以至於影片中不得不頻繁地打出字幕。然即便字幕也不足夠，比如菲茨傑拉德的妻子，那個嫉妒多疑固執自卑、直接導致了偉大的菲茨傑拉德創作的枯竭和早逝的紅顏禍水，影片中沒有對她做專門的交代，好在我讀過海明威關於他們夫婦的詳細描述，我也猜想會不會伍迪·艾倫也是從《流動的盛宴》裡擷取了許多的細節和靈感。因為影片中Zelda的臺詞雖不多卻被演繹得栩栩生動有血有肉。

還有史坦因（Gertrude Stein）。海明威把Gil帶去史坦因（美國女作家，「迷惘的一代」的提出者）的家裡，海明威對史坦因的信任，及史坦因對畢卡索繪畫寥寥數語一語中的的批評，文學青年向史坦因討教時的虔誠和小心翼翼，電影中將這些發生在

一百年前的事情、人物刻畫得入木三分，與我在海明威《流動的盛宴》中讀到的一模一樣。我私下裡猜想這本書也被伍迪‧艾倫讀了又讀，我甚至都猜想他會不會從這本書出發，為《午夜巴黎》首先塑造了一個崇敬海明威的劇作家，然後由海明威帶著他回到一九二〇年代的巴黎。他後來愛上的那個女子，他後來幾次的午夜穿越，都是從海明威帶他去史坦因的沙龍開始的。

好在海明威在自殺之前出版了這本《流動的盛宴》，這本書不單只是他自己於一九二一年至一九二六年在巴黎生活的一段回憶，其實更是關於一九二〇年代巴黎文化藝術界的珍貴史記。就像波伏娃在《名士風流》中的記述，是觀照一九五〇年代法國知識份子心態與命運的一面鏡子，那關於史實的記載意義遠大於小說的寫作成就，可以說巴黎頒給她龔古爾獎應該不無這方面的考量。而海明威的《流動的盛宴》雖是生活散記，在文學價值上無法與他的恢弘巨著相提並論，可它贈予我們多少真實歷史的回憶，因而書中的那句「巴黎是一席流動的盛宴」已經成了巴黎城市名片上唯——句導遊詞。

海明威是電影裡男主角的偶像，我猜想他也是伍迪‧艾倫的偶像。《午夜巴黎》裡各路名人大家如走馬燈似地出場，片長所限不可能每人都能給予充分展現，而海明威卻有著大段獨白的機會。他說：「（我的）書之所以是好書，因為它是誠實的書。只要故事是真誠的，只要行文乾淨而率真。」我想伍迪‧艾倫在編導這部電影時的用心，與海明威寫作時一樣，都是真誠而率直的。

七十六歲的他根本不想掩飾自己童真的一面，藉著男主角的

傻勁盡情地表達他的率直。比如一個場景，Gil的女友問他：明天我們去凡爾賽宮吧？Gil說：不行啊，我們不是要去利普啤酒館吃午飯嗎？我認識一個教授，在那吃飯時見過喬伊絲（愛爾蘭作家）在吃他的德國泡菜和法蘭克福香腸……看到這我不禁啞然失笑了，覺得自己和Gil，和伍迪‧艾倫都是一夥的！我太能理解為什麼這樣拐彎抹角的一個故事都足以驅使男主角想去那裡吃頓飯，這麼天真的想法，在那些「正常的」老於世故的人看來真是幼稚到極點。可我能明白Gil的推理：他認識的一個教授見到過喬伊絲，也就等於他和喬伊絲之間有了間接的聯繫；而喬伊絲用餐的餐廳，他所享用的食品，甚至坐過的座位，統統被喬伊絲迷們賦予了一份神聖感。所以Gil想去利普啤酒館吃餐飯，點一客喬伊絲吃過的菜肴，這樣做就彷彿一場儀式，一個能與偶像心靈最貼近的神聖方式。

我也正是常常這樣犯傻的，以我幾十歲之身做出一些天真幼稚的舉動。對我來說，那些文學家藝術家思想家的作品精神已經融入了我的骨髓，任何與他們有牽扯的事物在我看來，就是能最近最直接觸摸到他們思想和靈魂的媒介。朋友怪我總去墓地閒逛，可是我最愛最敬仰的人都躺在那啊。蹲下身撫摸一下他們的墓碑，輕輕拂去積在上面的塵土和落葉，那一觸，就好似與我的偶像產生了靈魂的共振，能量的連接。又好比一些地方，因記錄了一堆的歷史，牽扯著一堆的名人，誕生過一堆的主義和流派……於我就是神聖的所在。所以我願意坐在Le Procope，在伏爾泰、狄德羅、盧梭們用餐的餐廳裡享用智慧美食；我也會慕名跑到花神咖啡館，坐在薩特和波伏娃的專座上，好像那樣我就能深得他們的真傳；也曾為了海明威找到丁香園咖啡館，手指撫過他常坐的吧臺，我知道他在這裡喝牛奶咖啡，在這裡寫《太陽照常升起》；我也專程去拉雪茲公墓看望史坦因，只為她曾經幫助過年輕貧窮的海明威。這樣的舉動於別人也許毫無意義，於我卻是神聖無比。

　　所以我這樣津津有味孜孜不倦地看了四次的《午夜巴黎》，也是因為裡面再現了太多我所敬仰的人物，在內心裡我曾與他們那樣感情深厚。Gil愛上了Adriana，我對她發生興趣不因為她是畢卡索的情婦，Braque（立體派先鋒）的情婦，是因為她還曾是Modigliani的情婦。Modigliani是我極其喜愛的義大利畫家，我的前屋主留給我一幅他的畫，其筆下細長變型的人物令我著迷，於是從此我深切關注他，找他的畫來賞，找他的傳記電影來看。所以當

這個名字從Adriana的嘴裡一說出來，就彷彿將我帶進了一個並不感到陌生的環境，我和她一下子有了一種莫名其妙的親近感。

《午夜巴黎》討巧的地方也在於此。那些魚貫而出的一個又一個名人大家，其中總能有誰正好與某個觀眾的思想靈魂相契合。但這也正是難於把握的地方。都是名角，都是各自山頭的大王，導演對誰都不忍捨去，可又不能全都一一正式推出，於是只好委屈一大幫名人來襯托少數幾個名人。於是我們看到：

跟達利一起喝酒的是超現實電影大師Luis Bunuel和先鋒派攝影師Man Ray。陪伴在勞特累克（畫紅磨坊聞名）身邊的是高更（象徵主義先驅）和德加（擅畫芭蕾舞女孩）。其他大人物如獲諾貝爾文學獎的T.S·艾略特，野獸派先驅馬蒂斯等，都只能以微笑示人，一筆帶過。

關於巴黎的什麼都重要！好在以電影這種藝術形式，可以立體全方位地表現事物，於是那些舉世聞名的地方就成了故事發生

的所在：莫內池塘、凡爾賽宮、羅丹博物館、橘園博物館、杜樂麗公園、紅磨坊、莎士比亞書店。那些舊時代最迷人的歌曲就成了不同場景下的背景音樂。

　　別忘了伍迪・艾倫本身就是一個出色的爵士樂手。猜想男主角最鍾情的美國爵士樂大師Cole Porter一定也是伍迪・艾倫所鍾情的，不然為什麼貫穿整部影片的都是他的歌曲：*You've got that thing*、*let's do it*，以及他向巴黎致敬的*I love Paris*。當我看到Cole Porter就是百老匯著名歌舞劇*Anything Goes*的作者，自覺得在心裡與他又貼近了許多，因為我曾在百老匯看過他的這部音樂劇。這種拐彎抹角的連帶關係帶給我的驚喜，就像我七歲的寶寶每當走進一家熟悉的地方定會欣喜地喊道：我去過這裡！而吉他曲*Bistro Fata*又是Stephane Wrembel的傑作，他與伍迪・艾倫在《午夜巴賽隆納》裡面合作過的吉他曲已經深入我心。

　　影片裡我最愛的音樂是*Parlez-moi d'Amour*。這首寫巴黎的老歌經手風琴的演繹更加深情悠遠。每當男主角Gil一個人漫步時，當雨天，當夜晚，在石子路上，在塞納河畔，這手風琴聲就伴隨著他，烘托著他悠悠的思緒。他心目中巴黎的Golden age是一九二〇年代，而Adriana心中巴黎的美好時代是一八九〇年代，而一八九〇年代的藝術大師們心中的黃金年代則是文藝復興時期。大家都在追蹤著自己心目中的過去好時光，每個人賦予巴黎的想像都不同。但有一點是共通的，大家都深深迷戀著舊時代、從前的那個巴黎。

　　美好的巴黎是難以言說的。舊日的巴黎，雨中的巴黎，夜晚的巴黎——我心中美好的巴黎與伍迪・艾倫的剛巧一樣。

# 海明威的那片海
# That Sea as per Hemingway

海明威的那片海，在加勒比海的那一邊。海水深藍、天藍、淡綠、淺藍，白沙細浪，棕櫚飄搖，比尼斯的英國人散步大道更旖旎溫婉，比戛納的棕櫚海灘更細膩潔白。即便是在二月隆冬，加拿大人還是可以來到這裡戲水搏浪，搖槳出海。即便什麼也不做，只是躺倒在陽光底下，傾聽海浪的聲音，在這唯有天與海組成的純淨大自然裡，亢奮的身體也願沉靜歇息，紛亂的心緒也該重頭梳理。

這海灘真是個療心的好地方。面對著一望無際的藍天與大海，人才意識到自己的狹隘與無聊。塵世間的那些瑣事算得了什麼，那些人生難題亦不再是理性與道義的兩難。這加勒比的海水就是有著神奇的功能，將從前所謂困擾人們左思也難右想也不是的問題統統歸零。

不知道加勒比的這片海對海明威到底有什麼魔力，他將自己的後半生統統奉獻給了這裡。要知道以他的能力和名望，他是可

以選擇任何地方度過餘生的：他完全可以繼續沉湎於巴黎那席流動的盛宴；他亦可以呆在西班牙去盡情體驗最摯愛的鬥牛狂歡；他也可以留在滿地都是獵物的非洲呀，為了打獵他沒少受傷但卻沉迷其間樂趣無窮；他也完全可以呆在自己的祖國，他的榮譽和出版生意可都是在那裡促就萌生的。可他偏偏選擇了古巴，這加勒比海與墨西哥灣中間的一片鱷魚形的狹長小島。如果將他選擇古巴說成是因為美國的禁酒令（指美國二十至三十年代國會立法頒布的禁酒令，規定公開飲酒為犯法），倒像是合情合理，但這也只能說是充分的而非必要條件。嗜酒如狂的他二十歲時不就是因為禁酒令而北上到多倫多，從而開始了他一生的寫作生涯嗎？（他時任《多倫多星報》記者和海外特派員）但那時的他並沒有在一個地方久住下去的意思，多倫多的新聞工作給了他常駐巴黎的機會。在巴黎，他又得以北上去到瑞士奧地利滑雪，南下到巴斯克釣魚，到西班牙觀看鬥牛，去肯雅狩獵、到乞力馬札羅山看雪。他走過的地方著實不少，每一個地方都有讓他深深著迷的事和情。然而最後，他還是選擇回到了加勒比海的這一頭，在古巴，這片簡單得只有陽光、海灘、棕櫚、椰子的地方，留下生命中二、三十年的歲月和光陰。

起初，他只是美國、古巴兩地往返。在哈瓦那的Ambos Mundos酒店，在五樓的十一號房間，是他每次回來古巴必住的地方。酒店在哈瓦那舊城的中心，就在西班牙殖民時期的總督府那有著四百多年歷史的深宅大院附近。那時古巴還是美國的友好附屬，美國人在這裡就像在自家後院那樣得水如魚。一九三九年海

明威在哈瓦那附近十數里外的觀景莊徹底定居下來以前的那十來年裡，他在古巴的「家」就在Ambos Mundos酒店的五一一房，這個只有十來平米的空間裡。

房間太小，只容一個工作人員既收門票又兼講解（門票是兩個古巴比索，一美元相當於零點七至零點九比索，依當天匯率變化而不同）。小小的房間除了一米寬的單人床，一櫃一幾，就是狹窄的洗手間了。這樣逼仄樸素的客房因了曾承載這位美國最偉大的作家（之一）的氣息而登時有了神聖而魔幻的氣質——雖然海明威的文字一點都不魔幻，相反卻是那樣實在簡潔，用詞經濟，語氣平靜，言近而旨遠，只能以真誠著稱而非以華美形容。這魔幻的感覺是我們這些後來者，慕著他的盛名，循著他的足跡而賦予他的，令我們自己深深迷戀其間的一種幻象。帶著這份自予的膜拜情結，我看到他的那部老式打字機都非比尋常：想像著每個按鍵上都布滿了他浸著汗漬的指紋，他每一輪的觸鍵都是那樣瀟灑俊逸，就好似鋼琴家舉手落指間，那些動作都不是機械的循環往復，而是那音符的精靈從頭腦裡跳躍到雙肩，再順滑到伸展的雙臂，然後沿著脈搏的律動流向鋼琴家那靈敏的雙手，又再輕輕悄悄地滑到指尖，最終演化成叮叮咚咚鏗鏘悅耳的聲響。海明威在這部打字機上敲打的，雖然也是二十六個字母的隨機組合，但那組合卻閃現著他閱歷的淹博和長久經驗的光芒。他似乎有無限的能力，將生命本身的密度和廣度賦予文字，坦率再現從容闡釋。他敲打出的是歐美非三大洲游走的豐富經歷，幾十年人生裡面的難忘點滴。他說：要想寫得好就要真誠地寫。他將這一

在哈瓦那海明威的居所

宗旨貫穿始終，以一個新聞工作者的真摯與誠懇，他將小說寫得認真坦白。讀他的小說，我們不必似讀其他小說那樣需要面對一個虛構世界的心理準備，而完全可以如讀散文時直接認定作者的敘述其實就是他真實生活的觀照。所以熱愛海明威文章的讀者，肯定也有好奇與興致分享他的生活狀態：跟他一起前往滑雪、垂釣、賽馬、鬥牛、狩獵和捕魚。我自己就是一個不善於虛構而只會描述真實生活的寫作者，所以他文字裡透露的真情實感於我完全能夠體會得到。

且不論他是引領了「簡潔直接」的寫作潮流，還是「迷惘的一代」的最佳代表，我從他的文字裡讀到的就是真實、誠懇、坦率、生動和共鳴。他寫在巴斯克國家垂釣，就那麼認認真真、細緻周到地將行程的每一個細節記述下來，從出發時什麼天氣，

坐上了什麼樣的車，車上的人都說了什麼話，到露宿的小酒館裡的女傭，及女傭的女兒和那些巴斯克風味的吃食，……一直到找釣餌，垂釣，及最後的收穫……如此這般便是一篇儉約乾淨的文章。他描繪得活潑生動，我亦看得身臨其境。每每讀他的文字，我總忍不住產生這樣的疑惑：以他一個七尺大男兒，臂闊肩寬，壯如水牛，經他大掌敲打出來的文字卻竟是那樣細膩精緻娓娓道來不厭其煩。這是怎樣一個內柔外剛的柔情鐵漢哪！

任巴黎有各式好酒，卻沒有朗姆這般醇烈；巴斯克雖有上好的溪流可以垂釣，但哪比古巴這浩瀚碧藍的大海波瀾壯闊。不寫作時的海明威是個鐵漢子，他的世界在大海裡，在藍天下，只有這海與天的壯闊才夠由他任意馳騁。他將生命的最後二十一年都奉獻給了這裡，這片只有藍天大海的地方。我看見他有各式魚竿豎立在房間裡，我看見客房和樓下酒吧間的牆壁上，滿滿都是他出海揚帆，手捧大魚的各式照片留念。他的老人與海的故事，不可能是溫室裡靈光一閃創意忽現的產物，那三個晝夜的日出日落，朝陽夕霞，那正午熾烈的白日，那夜晚冰涼的月色，那魚群出沒的規律與形態，那鯊魚狡黠的心思與詭計，所有這些，林林總總，不可能是不負責任的憑空臆想，糊弄炫耀，而只能是經年累月的實操歷練和豐富經驗的總結與展現。只有真摯懇切、掏心掏肺地寫作的作家，才是對讀者負責任、並最終能夠贏得讀者熱愛的人。讀者都有自己成熟的心智。

他的《老人與海》便正是用他一生堅守的真誠品質書寫的傳奇。所以諾貝爾文學獎將榮譽送給了他，這個寫簡潔文字、豐富

生活的鐵漢作家。在五一一房間的牆上，我看到他低頭閱讀獲獎電文那一刻孩子般的笑容，我看到瑞士大使在哈瓦那向他頒獎的珍貴瞬間留念。

令海明威獲得最高榮譽的那片海，就在古巴哈瓦那這一邊。這片質樸純淨的海洋，孕育著堅忍不拔、自得其所、安於天命、知足知樂的人們。他們安心做著該做的事，至於結果和收穫，則都交給上帝來安排。上帝原本為這裡做了最適得其所的安置：有適宜的氣候，慷慨的海洋，豐饒的土地，和質樸快樂的人民。然而有一天，五百多年前，這一切和諧寧靜從此不復。西班牙人來了，帶著艦炮和瘟疫，沒有心理和生理免疫的原居民們便在這兩廂「見面禮」的左右夾攻下徹底絕滅。後來，非洲奴隸來了，歐洲海盜來了；再後來，美國人也來了。於是這加勒比海上最祥和平靜的小島從此隨著征服者的意識形態變換著主義與信仰：西班牙時期的天主教國家，美帝國時期的民主國家，及卡斯楚時期的社會主義國家。

走在哈瓦那街頭，處處可見古巴的民族英雄卡斯楚，及那個帥哥外援切‧格瓦拉的大幅宣傳畫像。畫像中他們的目光是那樣高遠，他們的神情是那樣堅定，他們是社會主義的聖鬥士，他們是古巴人民的大救星。有人敬佩他們豪邁萬丈的革命激情，深為他們那心懷天下、以拯救人類為己任的英雄情懷所鼓舞和激勵；也有人說這些人在上帝眼裡只不過都是罪人一枚，他們是扮演神的普通人，其破壞力遠比魔鬼還可怖。在大救星／扮演上帝的卡斯楚們揭竿起義後，古巴一千萬人民便被引領著走向一條叫做社會主義的道路。

哈瓦那革命廣場上的切·格瓦拉宣傳像

　　我不知道對古巴人民來說哪種意識形態是他們所喜悅的，但我有一個判別的標準，那就是看看普通民眾的幸福指數，和他們的生活實質。在古巴我看到的是曾經熟悉的那種制度，那個我深受其傷而想方設法逃離出來的社會形態。如今我以一個提倡民主和自由的國家的公民招搖來到這片國土，住在海濱度假勝地，一個除了服務人員外，本地人與狗不許入內的高檔區域。我被當作有錢的外賓一般被微笑服務著，我也如憐憫第三世界國家的窮苦人民一般大方地打賞著小費。可我不能從中得到真正的快樂，因為我不是一出生就落地在每一個公民都擁有選舉權與被選舉權的民主國度裡。我當然知道身處這樣集權國家裡普通草民的生活狀態，我用一個巴掌就可以度量他們的思想空間被允許延伸至多遠。在那樣的國度裡，我也曾絕望地嚮往著外面的世界，我也曾

認命地自貶身價。如今我不希望看到地球村裡還有思想不能盡情舒展、心靈不能自由飛翔的地方，我寧願世界上每一個角落裡的人們都享受著一樣的歡愉和福祉。

這片國土原本可以那樣美好，那些寧黃色的西班牙廊柱本可以繼續大放異彩而不是鏽跡斑斑，那些美式酒吧本可以繼續爵士樂飄飄而非清冷破敗。這裡的年輕人本可以如他們的拉丁民族兄弟那般縱情歌舞，隨心所欲地夢想、大膽堅勇地實現自己的理想人生。可是在這塊滿大街都是卡斯楚及切‧格瓦拉宣傳照的地方，在這緊鄰世界上第一個實行民主憲政國家的島嶼之上，一千萬古巴民眾仍在一個家族所描繪的社會主義美好藍圖中艱難實踐著。

這一片依舊湛藍清澈的大海，已經不再是海明威筆下老人心中的那個大海。在那個海裡，老人即便出海三天一無所獲，但他堅信以自己積攢一輩子的技能和一對能夠掌握自己命運的雙手，就可以一次次出海，一次次去碰運氣。他知道，運氣就在那裡，沒有人能阻擋他朝夢想前行的方向。可如今的這片大海，海裡還有魚，有更大的魚，可是人們不能去一試身手，因為這撫育了祖祖輩輩的大海，這灑滿世世代代汗水的土地，如今都與己無關。這裡的一切，都是屬於那個姓氏——他們稱之為「國家」的。一千萬人民的命運，幾十年來竟牢牢掌握在一個家族的手裡，這到底是幸還是禍？

海明威的這一片海，藍天依舊，「太陽每天照常升起」（海明威《太陽照常升起》）。我真心企盼，那血液裡流淌著拉丁熱情的人們，能夠早一日真正躍出他們所欲的人生之舞。

面朝大海，撰寫專欄

# 春天裡的紀念
## ——寫在芭蕾舞劇《春之祭》問世一百周年
# "The Rite of Spring" Remembered

　　每年三、四月間，蒙城的古典音樂電臺（FM99.5 Radio-Classique Montréal）總會頻繁地播放應季樂曲：韋瓦第（Antonio Vivaldi）的《四季：春》；而蒙城的戲院則偏愛上演史特拉汶斯基（Igor Stravinsky）的《春之祭》（*The Rite of Spring*）。他們就像音樂界的迎春花，適時地告訴我們：春來了。

　　說起來，愛上嚴肅的《春之祭》其實還源於時尚。本來是想八卦一下我喜愛的時裝設計師Coco Chanel的情事，於是找來這部影片看。在電影《香奈兒祕密情史》（Coco Chanel & Igor Stravinsky）中，一開場就是Chanel去看史特拉汶斯基作曲的現代芭蕾舞劇《春之祭》的演出。那是在一九一三年，這部劇在巴黎香榭裡舍大街的巴黎劇院首演。觀眾入場之際，指揮還免不了擔心，不停地囑咐樂隊：

畢卡索所繪的史特拉汶斯基肖像

「這是特殊的音樂，忘記旋律，只有節奏。」

「忘記柴可夫斯基、華格納、施特勞斯。忘記所有聽過的音樂，一切跟著指揮棒走。」

編舞也不放心：「你們要把生命融進去。」

臺下的觀眾並不知道今天要等待他們的是怎樣一出震撼的劇碼，他們是沖著見解獨到的俄羅斯的音樂和芭蕾舞的名聲來的，之前由史特拉汶斯基作曲的芭蕾舞劇《火鳥》給他們印象不錯。

音樂響起，巴松管的獨奏帶出孤獨詭誕的氣氛，觀眾在期待；然後，是其他樂器的加入，越來越多，節奏越來越快，情緒愈加緊張，臺上的舞者不是以人們熟知的傳統的芭蕾腳位和手位

在表演，而是以一種大家從未見過的、「極其難看」的雙腳內扣、笨拙向下的反芭蕾動作在演繹。這完全出乎「芭蕾之都」那些高雅的、有教養的觀眾意料之外，劇院裡開始出現騷亂：「這完全沒有調，簡直亂彈一氣。」開始有人離場：「我真是受不了了，音樂是高雅藝術，怎麼能這樣呢？完全不符合古典主義，簡直是褻瀆藝術」。後來，當整個樂隊傾巢而出，所有舞者在臺上做艱難掙扎狀，這不和諧的節奏愈加激烈愈加遞進，整個劇場裡是滿天滿地的噪音轟鳴，鼓聲隆隆，粗礪刺耳，緊張焦躁，彷彿決意要破壞氣氛，直到把觀眾逼到絕路：

「下流、混蛋、垃圾、噁心，下去吧，瘋子！下去吧，愚蠢的野蠻人！」觀眾席裡噓聲一片，謾罵聲，椅凳碰撞聲，人們互相推揉喊叫聲，劇場裡亂成一團，引得員警匆匆趕來維持秩序。

那夜，巴黎的觀眾們在激動著，吼叫著，他們被這全新的、怪誕的藝術形式給徹底激怒了，幾乎每個人都在瘋狂，只有Coco Chanel除外。這個血液裡流淌著叛逆基因的女子，坐在亂哄哄的觀眾席上，獨自微笑。

在這部片長一百一十分鐘的影片裡，《春之祭》演出的這個環節就占了整整二十分鐘的時間。正是這部全新形式的劇碼成就了一份機緣，令Chanel喜歡上了才華橫溢的史特拉汶斯基，並決心贊助這個流亡的俄羅斯音樂家，讓他一家人住在她巴黎市郊的一幢別墅裡專心作曲。後來，她更是祕密給《春之祭》贊助了全年演出的費用。他們的一段情事，就是在那個時候展開的。

《春之祭》的問世之所以造成這樣的騷亂，是因其在那個時

代開創了多個前衛性的「新觀念」，而這正是我偏愛它的理由：音樂上，史特拉汶斯基使用的極具衝突性的調性、含混不清的韻律、有違常規的節奏、大量使用不協和和聲而形成的尖刻刺耳的聽覺效果、突兀生硬的配器等等皆為全新的實驗，這與人們習慣的和諧流暢的古典音樂形式徹底背道而馳；編舞上，演員的手和腿不再向上伸展，而是向下、向內彎曲，舞者的動作不再是傳統芭蕾的線條美感，而是反映內心劇烈的矛盾和掙扎。音樂調性不規則，舞蹈醜陋且尖銳，這樣叛逆性的革新，當年人們看不懂，即便現在也依然有很多人不能欣賞。

然而，一部作品不美、大眾不喜歡就不是好作品嗎？

《春之祭》誕生一個世紀以來，音樂界一直不吝對它的肯定：技術層面上，因其在指揮技巧上的高難度和複雜性，它已經成為指揮家們的必修課，是音樂會上最常上演的曲目之一；哲學層面上，其體現了一種全新的創作境界：在無序中有序，模糊中清晰，尖銳中有和諧，怪誕中有合理。難怪英國古典音樂雜誌（*Classical CD Magazine*）曾將其評選為對西方音樂歷史影響最大的五十部作品之首。看來，通俗與否並不是衡量藝術作品品質的標準，只有作品的品質才能說明一切。

史特拉汶斯基被譽為音樂界的畢卡索。他當年的處境，與創立了立體派繪畫的畢卡索，及很多很多現代藝術家一樣，因其思想太前衛，眼界太前瞻，並不能被普羅大眾所理解。甚至在今時今日，現代藝術對很多人來說仍舊是粗俗、淺薄、離經叛道的代名詞。在這些人心裡，只有優雅美麗的古典藝術才算是真正的藝術。

同樣的藝術作品，為什麼在人們的心中會產生如此強烈的反差呢？

　　古典藝術的擁躉主要從審美的角度對藝術作品加以判斷：美好、浪漫、典雅、精緻、崇高、莊重、理性、技巧……，是他們的訴求。在他們的眼中，好的音樂就應旋律優美，好的舞蹈就當動作和諧，好的繪畫應典雅精緻，好的雕塑當比例完美。音樂當聽《命運交響曲》，舞蹈當看《天鵝湖》，繪畫當欣賞達文西，雕塑當首推米開朗基羅。

　　他們也有一套鑑賞這些作品的程式規範：站在偉大的作品前，必當心潮澎湃，感慨萬千，精神為之頓悟，靈魂得以昇華，如果不能夠從作品中發掘出偉大的思想內涵和光輝的象徵意義，那麼就是自己太無知太淺薄，絕不可以原諒。

《春之祭》劇照
（1913年版本）

 彌漫在秋光裡的法國香頌

這樣的審美觀在人類歷史上已經沿襲了千秋萬代，從來都是權威的、不可置疑的評判藝術作品的最高標準。然而，一九一七年，在美國紐約，偏偏就有一個三十歲的男子馬塞爾·杜尚（Marcel Duchamp）想打破這種「藝術對美學的依賴」，他在市場買了一個瓷質的小便池，署上「R.MUTT」的名字，把它送交獨立藝術家舉辦的展覽。這個小便池，就是如今聲名昭著的《泉》。他說：「我拿起小便池向藝術界迎面拋去，是向他們進行挑戰。」他挑戰的是藝術家在創作時，人為地將材料昇華成一種幻覺，將創作過程視為一段精神上的歷練這一理念。他認為藝術品可以是任何的現成物，不一定非得經過加工提煉。杜尚對現代藝術的貢獻之一就是提出了「以指定性的藝術取代需要鑒賞力的藝術」這一觀念。

更有甚者，在二十世紀中期，還有藝術家發出了「撤銷美的申明」的文件，宣稱藝術不再具有任何審美的性質和內容。《紐約時報》首席藝評家邁克爾·基默爾曼（Michael Kimmelman）曾說：「美和鑒賞力是屬於中產階級的平庸乏味的概念，它們過於強調膚淺的享樂。好的鑒賞力著眼於讓人愉快，而真正的藝術不是僅僅為了滿足感官享受，它有更高一層的理性上的訴求。」

現代藝術家的這些觀念並非如某些人認為的，是因超越不了偉大的古典藝術之後的無中生有、標新立異，實際上在十九世紀早期，德國哲學家黑格爾就曾表述過類似的理念：「藝術真正深刻的方面仍不是單憑鑒賞力就能覺察的，因為要覺察這種深刻的方面所需要的不僅是感覺和抽象思考，而是完整的理性和堅實活

潑的心靈，而鑒賞力只涉及外在的浮面，各種情感也只在這種外在的浮面上活動……所謂好的鑒賞力一碰到藝術的較深刻的效果就張惶失措。」

如果以「美」來評判藝術作品的好壞，那麼就要先給「美」下一個定義。眾所理解的「美」，就是和諧與美感，是尺寸比例恰當適宜的完美形象。但現代藝術家就會質疑：如果美僅僅意味著遵循某種數學公式，美就會變得平淡無奇，而「美」的定義卻恰恰是「不同尋常、卓越超俗」。「美」依靠的是個性表現。

話又說回來，美的定義對不同人、不同時代也可能是相異的。在西方的歷史中，山巒原是被稱為「地球的肉贅」，完全不具美感，現在我們對山體呈現的自然美的態度是受到文學和神學的影響，是通過後天訓練學來的。再比如當初被譏諷為如用顏料罐潑灑出來的野獸派，「連糊牆紙都不如」的印象派等繪畫，如今卻是漫天遍地地裝飾在公司機構、尋常人家的牆壁上，帶給人們無限的美的享受。

現代藝術家對美的闡述正好與古典藝術相悖，認為美源於事物的特殊性，而非一般性。他們不滿足古典藝術太過強調形式美和格律性而不顧其越來越單調空洞的內容。他們認為美應該和藝術作品的內涵不可分割，它仰賴於推理和分析，批評和爭議。能夠一目了然，憑直覺來辨認的作品，未免流於膚淺。那個稱為《泉》的小便池，實際上是一件超越形式的藝術品，它摧毀了藝術品需經過提煉及對美的依賴的觀念，強調的是一種新的概念：即把藝術的焦點從實體作品轉移到思想的詮釋。

現代藝術發展百年來，至今仍有相當一部分人心存誤解，認為現代藝術作品浮躁張揚，粗製濫造，是隨心所欲胡編亂造的結果。的確，在魚龍混雜的藝術市場，確是有很多作品品質低下鄙俗偽劣。然而，細數歷史上那些卓越的現代藝術大師們，卻哪一個不是有著深厚的古典藝術的訓練和修養：梵谷那如火如荼的向日葵、神祕漩渦的夜星空，源自他雄厚的素描和寫實繪畫訓練的基礎；畢卡索立體主義那支離破碎生硬變型的畫風，實則變異於他早年學院派的正規訓練及對提香、魯本斯等藝術前輩作品的大量臨摹；而超現實主義的天才瘋子達利更是有著古典主義、現實主義訓練的堅實根基。這些創建了現代繪畫各種流派的大師們，其早期作品都是傳統的古典的，只是後來在創作過程中加入了自己的思考和想法，大膽創新，摸索發展出新的藝術形式。所以說要想真正地瞭解現代藝術，就要多看大師們的作品，不要讓蕪草稂莠汙了你的眼睛，影響了你的判斷力。

史特拉汶斯基也是在藝術上不斷創新的典範，他在古典與現代之間相互借鑒不停轉換。欣賞《春之祭》如同欣賞其他偉大的現代藝術作品一樣，我們應不拘於其外在的形式是否悅目直觀，其結構格律是否按部就班，重點是要理解作品本身帶來的思想內涵，其所體現的時代精神，以及作者要表達的主觀意志，唯有這樣做，才能放下成見，與藝術家坦誠交流，從而產生喜悅與共鳴。

想百年前的一九一三年，在一派古典音樂氛圍中，橫空出世了史特拉汶斯基的現代主義音樂；在觀眾只懂得世界上只有一種芭蕾舞叫作古典芭蕾時，尼金斯基（Vaslav Nijinski）（《春之

祭》的編舞）開創了現代芭蕾的先河。走在時代前端、創造先鋒
藝術的人值得敬佩，而能夠理解、支持贊助現代藝術的普通人也
一樣高尚偉大，如Coco Chanel。今年適逢《春之祭》問世一百周
年，蒙城有很多相關的紀念活動。筆者也專此作文一篇，作為春
天裡的紀念。

巴黎蓬皮杜中心的「史特拉汶斯基噴泉」

彌漫在秋光裡的法國香頌

# 美妙五月的早晨
# That Wonderful Morning in May

　　每年的五月份,我必定要做一件事,就是在內心裡把自己裝扮成一枚少女,懷揣著細密的心事,來在丁香樹下,一邊尋找我的五瓣丁香,一邊唱著那首歌:

One day when we were young

That wonderful morning in May

You told me you loved me

When we were young one day

　　這首屬於五月的情歌,每一次唱起它都有一份新的感動,那惆悵婉轉的旋律總使人有種青春已逝、年華不再的無奈與眷戀。在電影《翠堤春曉》(*The Great Waltz*)中,這首歌是小約翰・施特勞斯(Johann Strauss II, 1825-1899)送給他的歌唱家愛人Carla Donner的。我之所以沒用「情人」這個字眼,是因為他們彼此心

靈相通，互相懂得，真心傾慕，是相親相愛的一對。當施特勞斯不得不為保全家庭而放棄Carla的愛情，在分別的一刻，Carla面帶微笑，對愛人深情地唱出這首憂傷的歌：

> When songs of spring are sung
> Remember that morning in May
> Remember you loved me
> When we were young one day

　　從小最喜歡的音樂家就是小約翰・施特勞斯了。聽他的圓舞曲，總有一種歡快向上、如沐春風的感覺。其實，〈藍色多瑙河〉的德文歌詞裡並沒有「春天」這樣的字眼，可我歌唱的中文版本裡盡是春天：「春天來了，大地在歡笑，蜜蜂嗡嗡叫，風吹動樹梢……春來了，多麼美好。」在電影《翠堤春曉》中，〈維也納森林的故事圓舞曲〉的創作靈感也是來自春夏之交的森林的早晨，更不用說〈春之聲圓舞曲〉了。想來也是，華爾滋嘛，就是那樣地跳躍富有青春的動感，一如萬物復甦活力四射的春。

　　我少年時代的最大夢想，就是有朝一日能夠去到奧地利，去維也納，到施特勞斯的家鄉親耳聆聽那些動聽的華爾滋，親眼去看那宮廷舞會的霓裳翩翩。二〇一〇年六月份，在維也納的EMI MUSIC音像店裡我問售貨員：哪位作曲家的CD最受歡迎？她說：當然是施特勞斯了，其次是莫札特。那次在維也納的音樂之旅中，我也切身感受到這個城市是在竭盡所能地把這兩位音樂家當

作他們的旅遊金字招牌：大街上是盛裝兜售圓舞曲演奏會門票的販子；巴士車廂上是《唐璜》歌劇演出的廣告；到施特勞斯金像前拍照，去莫札特故居一覽，都是最熱門的旅遊景點。維也納出產的音樂家實在太多了，這一個通俗、一個古典就足夠招徠遊客，財源廣進了，連海頓、舒伯特、卡拉揚等等都可以忽略不計。

對於我，施特勞斯就是我的少年時代。除卻輕歌劇，他一生最多產的就是圓舞曲了，計有一百五十多首。少年的我愛上的純粹是他那優美的旋律，就像我當時認識世界的角度一樣，只要美麗，只要旋律好聽，就夠了。他真是一個天生的旋律之王啊！除了被譽為奧地利第二國歌的〈藍色多瑙河〉，他還有太多太多膾炙人口的作品：〈春之聲圓舞曲〉、〈南國玫瑰圓舞曲〉、〈維也納森林的故事圓舞曲〉、〈皇帝圓舞曲〉、〈閒聊波爾卡〉、〈蝙蝠序曲〉……首首經典，朗朗上口。人們會說那是他的天賦異秉，而他自己的解釋則是：「我必須寫出經常縈回於觀眾耳際的旋律，因為坐在頂層樓座的窮人沒有錢去買鋼琴譜。」

記得上高中時，八十年代的中期，我是文娛委員，在其他班級都高唱時代歌曲的時候，我在班裡教大家唱〈藍色多瑙河〉和〈多瑙河之波〉。這事兒對我東北小城那疙瘩的同學們來說是挺刺激的，這異域風味的旋律是挺怪異的，他們也感覺我這個文委是有點不太正常的。

可我就是如初戀情人一般熾烈地戀著這個音樂王子的！「他渾身都充滿了音樂」（勃拉姆斯語）——作為作曲家，那些優美

的旋律如涓流一般不可抑制地汩汩流淌，面對著這一件件偉大的作品，我們只能用「他同雅典娜一樣，是從宙斯的頭顱中生出來的」來解釋了。作為「全體維也納人的首席小提琴手」，他一邊指揮一邊拉琴，翩翩風度迷煞多少女性觀眾啊（在他那個年代，一個首席小提琴師本身就是女性觀眾的潛在誘惑者），聽說維也納的貴婦們都為能擁有他的一根頭髮而驕傲自豪呢（實際上他送出的是他寵物狗的毛髮）。作為精明的晚會組織者，他在維也納掀起了一股又一股的華爾滋舞潮。在他的舞曲中，維也納人旋轉著無際的瘋狂，忘卻煩惱盡享現世歡愉；就連孕婦都是跳到最後一刻才依依不捨地離開「孕婦舞廳」，急急趕去分娩的。

　　雖然圓舞曲這種蹦嚓嚓的娛樂性音樂，一直遭受著古典派音樂家的不屑和詛咒，認為它太簡單太直白沒有高深內涵，可那動聽的旋律對於少年的我來說，就有足夠的理由將其定義為好的音樂了。在我的人生字典裡，少年就當是一首歡快的圓舞曲，放情旋轉，隨性恣意。

　　當有一天青春漸遠，不再年少；當有一天我開始懂得旋律不是音樂的全部時，維也納於我，便不僅是小約翰・施特勞斯了。她還是沃夫岡・莫札特（Wolfgang Amadeus Mozart，1756-1791）。

　　與施特勞斯的音樂相比，莫札特的作品不僅旋律優美，它的藝術性更強。套用「海頓爸爸」（莫札特這樣親切地稱呼音樂家海頓）的話來說，就是「他既有鑒賞能力，同時又有廣博的作曲知識。」莫札特的音樂涵蓋面太廣了，什麼風格都有，任何體裁他都能駕馭自如，可謂雅俗共賞，老少咸宜，並且，還非常

可口，可樂——他的音樂可以陪伴人類從嬰兒（*Twinkle, Twinkle, Little Star*）一直到墓地（安魂曲*Requiem*，最動聽的是第六樂段「痛苦之日*Lacrimosa*」）。他的作品裡有純真（我五歲的寶寶喜歡*Eine Kleine Nachtmusik-Romance Andante*），還有夢想（我最偏愛的是*Piano Concerto No. 21: II Andante*）。有輕快（*Eine kleine Nachtmusik: I Allegro*），更有雄壯（*Symphony No. 40: Molto allegro*）。從他的音樂裡，除了能欣賞到純正的德國音樂特色，我們還能感受到土耳其軍樂的氣勢（《土耳其進行曲》），和那不勒斯歌劇的高亢（《費加羅的婚禮》、《唐璜》）……

在我的心裡，我與摯愛的音樂家們早已形成了一種默契，他們各司其職，陪伴著不同情緒、不同心境下的我：抒情時有舒伯特，感慨時有拉赫瑪尼諾夫，傷感時有蕭邦，振奮時有施特勞斯。然而我親愛的莫札特，卻時時刻刻都在陪伴著我：在布達佩斯憑弔古堡的時候，在尼泊爾崇拜天神的時候；在橫跨太平洋上空的時候，在地中海小船上飄蕩的時候……莫札特的音樂裡有人類全部的情感，有放之四海而皆宜的訴求。他的音樂於我，豈止是春天，更是四季；豈止是人生的一段時間、一個片段，而是一生，一世，一輩子！

與莫札特同時代的「交響樂之父」約瑟夫・海頓（Joseph Haydn，1732-1809）曾說，「莫札特是我所見過面、知其名的、最偉大的作曲家，是一個百年一遇的天才。他是音樂的上帝！」

每一次聆聽莫札特的時候，我都要在心裡虔誠地感謝上帝，感謝他為人類創造了這個「音樂神童」；我亦感謝莫札特的父親

利奧波德・莫札特（Leopold Mozart），感謝他以卓識的遠見和不懈的努力將兒子培養成了一個名符其實的「音樂上帝」。從六歲開始，小莫札特就在父親的帶領下，在歐洲各地巡演、遊學。二十來年的學習經歷，豐富了他的學識，開擴了他的眼界，沉澱了他的思想，歷練了他的創作。這也是為什麼他的作品涉獵面如此之廣，而在各個音樂體裁的創作上又如此得心應手、遊刃有餘的原因。

莫札特的音樂結構嚴謹，配器複雜，他可以創作任何類型的音樂作品：交響曲、協奏曲、歌劇，及可用於各種樂器的五重奏、四重奏、三重奏，等等。而最令人佩服的還是他即興創作的功力。音符就如他身體裡的細胞，隨時隨地由他調動。他通常在腦子裡譜曲，體現在稿子上就是一氣呵成，乾乾淨淨，幾乎沒有改動的跡象（這一點不似某位寫《命運交響曲》的大師，人們在他的手稿上常能看到修改十幾、二十次的痕跡）。人們問他怎麼能譜寫得這麼卓爾不群、完美無缺，他說：「我只能這樣寫。」所以說如果施特勞斯是從宙斯頭裡生出來的，他的音樂智慧與生俱來，那麼莫札特就只能是音樂上帝了！

奧地利人說，約翰・施特勞斯的音樂易使人產生懷鄉之情，而莫札特的作品就不會有這種效果，因為他是屬於全世界的。這種觀點是從音樂的屬性上來說的；而當年，當他們二人在世時，維也納人也是以這樣的態度對待他們的。施特勞斯是他們愛戴的「圓舞曲之王」，而莫札特呢，從來都不曾得到維也納太多的待見。

在奧地利的音樂之旅中，在美泉宮，導遊很自豪地告訴我們：六歲的莫札特曾在這裡為皇后瑪麗亞・特蕾莎（Maria Theresa，1717-1780）演奏自己譜寫的樂曲；在胡浮堡皇宮劇院，導遊說：這就是莫札特的歌劇《後宮誘逃》、《費加羅的婚禮》的首演地。可是導遊並沒有告訴不明真相的圍觀群眾：當年莫札特是怎樣苦苦懇求皇上准許他在這裡上演《費加羅的婚禮》的？

當年維也納宮廷樂隊主要由義大利人掌管，他們一方面自恃音樂素養更高，一方面竭力阻止莫札特所推動的德國歌劇的發展。皇上的宮廷樂隊不肯給他職位，皇室子女的音樂教師也必須由義大利人擔任。即便喜愛音樂的皇帝約瑟夫二世（Joseph II，1741-1790，被稱為「音樂皇帝」）也不太能接受莫札特的另類創新。當《唐璜》在布拉格的首演獲得空前成功後，約瑟夫二世卻這樣說：的確美妙絕倫，可是它太難了，它並不是我的維也納人的便餐。

那時的莫札特不像同期的其他音樂家那樣，要麼受雇於人，領著固定的俸祿；要麼由贊助人長期供養。他為了創作的自由（可以自行選擇創作題材和形式）和尊嚴（宮廷樂手與廚師、貼身伺從一樣被歸為僕役），主動炒了老闆的魷魚（薩爾斯堡大主教的宮廷樂隊首席小提琴職位），來到維也納做了一名自由職業者——憑藉舉辦家庭音樂會，給學生上課，或接受為歌劇譜曲的委託書等方式來養活自己。可這樣的選擇必然決定了他生活的動盪和不穩定。當他拮据窘迫，積勞成疾時，皇上也不肯給這個才華橫溢卻「不聽話、想法多」的莫札特一個樂師的職位，而寧可

起用穩當順從的義大利人。讓我們聽聽他在對維也納、對皇帝絕望後說出的這番話吧：「那些維也納的大人先生們——不過主要還是皇上——應明白這一點：只是不要以為，我只是因為維也納才活在這個世界上。我並不是更願意為世界上的君主效力，而不願為皇上效力，可是我不願乞討任何差事。我所鍾愛的祖國不接受我，因此以上帝的名義，法國或者英國將不得不再一次增加一個聰明的德意志大師——而這也將成為神聖羅馬帝國的恥辱。」

可敬的大師，可悲的莫札特！他生前得不到祖國的厚愛，身後也無一處安身之地。可憐這一世英才，人類最偉大的「音樂上帝」活不安生，死不見屍，被遺棄在維也納郊區的亂葬崗裡，叫後世的朝聖者們都叩拜無門。而如今的維也納卻知道怎樣充分地利用這位大師斂財，街邊巷角到處充斥著他的名字：莫札特咖啡、莫札特紅酒、莫札特香腸、莫札特啤酒、莫札特巧克力、莫札特胸罩⋯⋯

莫札特不是維也納的，他屬於全世界！

年年歲歲，季節更替，又一個草長鶯飛的五月來臨了。在這美秒的五月早晨，丁香樹下，我心有所屬：在春天，它屬於約翰・施特勞斯；在一年四季，它都屬於沃夫岡・莫札特！

維也納街頭的施特勞斯金像

維也納街頭穿著戲服的小販在兜售音樂
會的門票

# 到南部去，去普羅旺斯
# To the South, to Provence

去普羅旺斯，對於驢友小周，是因為畢卡索的〈亞維儂的少女〉（*Les Demoiselles d'Avignon*）；對於我，則是因為彼得・梅爾的《山居歲月》（*A Year in Provence*）。

儘管那本不是普羅旺斯亞維儂的純潔少女，而是巴賽隆納「亞威農大街」的妓女，然而就沖著這幅奠定了畢卡索立體派繪畫作品的赫赫名聲，我們背包上路了——在巴黎里昂車站乘TGV火車到南部去，去普羅旺斯。

啊，普羅旺斯，這樣浪漫的字眼！這四個字對每個人來說都有自己的一番憧憬和想念：她是梵谷的色彩之源，那裡的光和熱，燃燒著他的生命，給予他一生中最輝煌快樂的時刻；她是塞尚的家鄉故里，聖維克多山是他眼裡色塊與體積和諧共譜的交響曲，賦予這位繪畫界「現代藝術之父」無限的靈感與滋養。她亦是英國作家彼得・梅爾逃逸都市，享受南部鄉間慵懶生活的精神居所；她更是一些小資女孩的白日夢想，在夢裡漫山遍野都是薰

衣草，連風也氤氳著香氣，連天空也染成了紫色。而所有這些的夢想和憧憬，合在一起便是我對普羅旺斯長久的想望！

# 中世紀古城艾克斯

只消兩小時四十五分鐘，我們便從喧囂的巴黎來到了六百多公里以外的中世紀小城艾克斯（Aix-en-Provence）。

對於外人來說，普羅旺斯的概念可大可小。大至包括尼斯、戛納在內的普羅旺斯——阿爾卑斯——蔚藍海岸大區，小呢，則指艾克斯、馬賽、亞爾、亞維儂、尼姆等城市及周邊農莊組成的這一片地區。令我神往的不是尼斯的英國人散步大道，因為大道對面盡是彌漫著鈔票味道的林立商店；也不是戛納的市內海灘，畢竟那赤條條的背後難掩詭點的交易與計算。我心心嚮往的普羅旺斯，則是那些依舊淳樸的中世紀小城，以及周邊掩藏在山谷裡的葡萄園、橄欖林、櫻桃林，和薰衣草農田。

艾克斯就是這樣一座依舊散發著中古遺風的城市，質樸，閒散，古羅馬遺跡隨處可見，置身其間，彷彿時光倒流回中世紀的某一年。走在市中心的米拉波林蔭大道（Cours Mirabeau）——這條號稱「全法國最漂亮的大街」上，老梧桐交織繁複森森密密如柯洛的風景畫，用那濃重的樹蔭為我們遮擋著六月的熾日；一座座石頭噴泉本身就是傑出的雕塑文物，立在大道的正中央流淌著清泉淙淙。梧桐樹外側的一邊是兩三百年前的華屋宅邸，低調

地彰顯著義大利巴洛克風格的豪華與奢靡；另一邊則咖啡館餐廳和書店林立，南法人慵懶愜意地點綴其間自成一道道動態鮮活的風景。這天適逢週末集市，馬路中央支起了一座座臨時攤檔，擺賣著各式手工土產：普羅旺斯傳統花布、衣裳、掛毯、被子、首飾、草編手袋⋯⋯有著二千多年歷史的艾克斯，是前普羅旺斯郡的首府，古羅馬帝國時期的「水城」（這裡的泉水能治病），經過千百年歲月的洗禮，如今仍充滿著濃濃的羅馬風情，連人們的長相也很地中海，與法國內陸的人種大不相同。

這座城市太小了，我們橫走豎走各二十分鐘就走完了，流連了幾回後感覺都熟悉得可以給別人做導遊了。看得出來，來這裡觀光的遊客主要還是來看保羅・塞尚（Paul Cezanne）的。地圖上都是圍繞著他的故居的種種標識，而整個城市的地面也有序地鋪著標有「Cezanne」字樣的金屬牌。我們一路沿著這些標識追蹤塞尚，閒散抒情地就把他的出生地、博物館、工作室及「塞尚之路」（艾克斯市區通往聖維克多山）參觀了一遍。

聖維克多山高聳於艾克斯城之上，塞尚一生中一遍遍地畫著家鄉的這座山。在現代藝術中，它已經成為山峰的典範，象徵著處於文明世界之中的崇高的自然。塞尚畫山體的本身，而非從山上看到的風景。他認為山本身的形式和一幅肖像一樣，仍然可以是獨特的，因為美源於事物的特殊性而非一般性。

塞尚在現代藝術史上的地位斐然，被尊為「現代藝術之父」，皆因他提供了一種全新的藝術思想：畫家不再僅僅模仿再現客觀物件，而是轉向表現主觀世界的情緒，通過概括和取捨，

米拉波林蔭大道上的週末集市

從結構的觀點來描繪事物。正是由於塞尚這種繪畫的主觀性改變
了整個西方藝術發展的進程,對他以後的藝術家產生了觀念上
的震撼(尤以對畢卡索的立體派、馬蒂斯的野獸派影響最為直
接),這種震撼導致了藝術思想的全面解放。可以說,現代藝術
起始於塞尚。

　　令人遺憾的是,博物館裡只有塞尚求學期間的習作,沒有一
件作為成熟畫家時的作品。在法國旅遊時常見到這種情況,如在

莫內晚年居住的Giverny看不到一幅他的睡蓮池塘畫，儘管那些畫作就出自那裡。臨城阿維尼翁的教皇堡也一樣，只餘巍峨冷漠的石頭壁壘，卻不見往昔教皇們珍藏的藝術瑰寶。當然，那些寶貝都在巴黎呢。

# 教皇城阿維尼翁

只因著〈亞維儂的少女〉這幅畫的名稱（「亞維儂」又譯作「阿維尼翁」），我和小周便忍痛捨棄了近鄰的亞爾（Arles）——梵谷畫向日葵的地方，堅定地來到了阿維尼翁（Avignon）。

阿維尼翁沒有畢卡索的少女，這個城市其實很陽剛。誰能想到在這個咫尺小城，歷史上竟然曾經住過七任的羅馬教皇？

十四世紀初，波爾多大主教Bertrand de Got被推上了教皇的位置，成為克萊蒙五世（Clément V）。可是他不被允許住在羅馬的教皇行宮，於是選擇落腳在離義大利和西班牙都不遠的法國南部小城阿維尼翁。因著共有七位教皇在此居住，阿維尼翁一夜之間成了天主教徒們的朝拜聖地，連帶著饕餮食家們喜愛的教皇新堡紅酒，也因其產自教皇的夏日行宮教皇新堡而得以聞名。

如今教皇城堡人去樓空，那高聳的城牆壁壘掩不住內在的空虛惆悵，與旁邊羅納河上的斷橋相互守望，一起回憶往昔教皇們走過時那神聖的輝煌。站在阿維尼翁斷橋的橋頭，我哼起了那首在法國和魁北克民間流傳甚廣的法語歌謠：

阿維尼翁教皇城堡

| Sur le Pont d'Avignon | 在阿維尼翁斷橋上 |
| L'on y danse, l'on y danse | 我們跳舞，我們跳舞 |
| Sur le Pont d'Avignon | 在阿維尼翁斷橋上 |
| L'on y danse tous en rond | 我們圍著圓圈在跳舞 |

　　揮別阿維尼翁時我在心裡說，在某年的七月份我還會回來的，就因那個聽聞已久的藝術節：Festival d'Avignon。先不說它是法國最大的戲劇節，世界四大戲劇節之一，單唯讀到那些對節目的描述就已經心潮澎湃心嚮往之了：在三個星期二十一天的白晝與夜晚，平均每天有四百多場的戲劇表演。來自全世界的藝術家們將整個阿維尼翁小城變成了他們的劇場：太陽月亮是射燈，大地街道為舞臺，遺跡、窄巷、庭院、山坡，甚至行人都是道具和背景。這時阿維尼翁的人們多幸福啊，誰都是演員，誰都在戲裡做了一個關於普羅旺斯的夏日美夢。


## 呂貝隆：彼得・梅爾的山居歲月


　　在彼得・梅爾（Peter Mayle）之前，普羅旺斯人民一直隱居山間，偷偷享受著歲月靜好，滿足於自給自足的簡單快樂。一九八九年，隨著這位英國作家《山居歲月：普羅旺斯的一年》的問世，普羅旺斯，尤其是彼得・梅爾所居住的呂貝隆（Luberon）地區，

開始被世人、尤其是英語世界的人們所關注、青睞，直到今日這塊淳樸的鄉下地方已然成為了一個時髦的熱點旅遊區。

那些來自大都市的遊客身著名牌休閒服，臉上擺著精明與傲氣，一邊忙著講電話，一邊用目光漠然地掃過這樸素的鄉間景色。他們的普羅旺斯假期只是旅遊清單上的一條，淺嘗輒止，來過了劃掉了就算完成了一項任務，為的是給自己貼上一個到此一游的標籤作為日後的驕傲談資。普羅旺斯最珍貴的陽光成了他們「曬多了頭腦會遲鈍，得皮膚癌」的避忌；普羅旺斯最聞名的美食美酒成了他們「喝酒太多會得肝硬化，進食太多會發胖」的托詞。

然而彼得・梅爾卻不這麼認為：「變笨也好，增添皺紋也好，可能得癌症也罷，我從來沒像現在這麼快樂幸福。在普羅旺斯，人生是值得回味的。」

「夏天，悠緩炎熱而愉快；冬天，悠緩寒冷而愉快。」彼得・梅爾的普羅旺斯歲月就是這樣：「逃逸都市，享受慵懶，在普羅旺斯做個時間的盜賊。」他是這樣說的，也是這樣做的，他對普羅旺斯的摯愛不是三分鐘熱血，也不是一年、兩年的小憩，他在這裡一住就是近二十年！這個前英國倫敦某著名廣告公司的創意總監在事業最輝煌、人生最得意的時候帶著妻子和兩條狗舉家遷來普羅旺斯，徹底告別了倫敦上流社會的「高尚」生活，在呂貝隆山區的梅納村Menerbe（後搬去鄰村魯瑪漢Lourmarin）安家落戶，踏踏實實地做一介快樂的村民。

在這裡，他享受陽光普照（一年中有三百多天的日照），「陽光是極好的鎮靜劑，時光在歡愉中朦朧過去，活著是如此的

石頭城Gordes

在普羅旺斯，做一回等待愛情的少女

美好，其他都無足掛齒，漫漫歲月幾乎是無知無覺地流逝了。」他享受慵懶：早晨在斜身入窗的陽光中醒來，到林間遛狗漫步，週末去鄰村的集市採買土產。也享受美食：夏天吃「用土地裡新鮮採摘的蘆筍，蘸融化的奶油，配才出爐的本地麵包，喝山谷裡葡萄釀造的紅酒。」冬天吃「餡餅夾乳酪，橄欖油烘麵包，普羅旺斯式肉湯，喝茴香酒。」更享受豐收的喜悅：他自家的葡萄園每年可釀造一千公升的紅酒和香檳，自家的橄欖林每年可以收穫兩噸橄欖。與此同時，普羅旺斯的生活亦帶給他靈感，碼成文字後更是帶來不菲的稿酬：《山居歲月》在全世界各種版本大概賣出了六百多萬冊，加上其他十幾本的普羅旺斯系列如《重返普羅旺斯》、《永遠的普羅旺斯》、《茴香酒店》、《麵包人生》等，他總共賣出一千萬本關於普羅旺斯的書。

如今漫步在呂貝隆山間，我得以親身體驗著彼得‧梅爾筆下的普羅旺斯風光：連綿的橄欖樹在風中閃動著爍爍銀光，莫內筆下火紅的罌粟花綻放在連綿的葡萄園櫻桃園間，空氣中彌漫著迷迭香、薰衣草、百里香的氣味和芬芳，一座座古老而秀美的村落掩映在崇山田野之間。探訪薰衣草的路線裡沒有彼得‧梅爾住過的梅納村和魯瑪漢，而是他們的左鄰右村：石頭城Gordes、Sault修道院、石頭村Bories和魯西隆村（Roussillon）。那是在六月底，僅有三分之一的薰衣草在開放。人們經常在明信片上看到的Sault修道院的薰衣草還泛著青綠，好在一片赭紅色的魯西榮村薰衣草田已經把天空都染成了紫色。

自從在那個夏天探訪了普羅旺斯，她便駐在心中成了我一個

蒼勁浪漫的梧桐，赭黃色的老房子，斑斑駁駁，枯老古拙，是典型的南法小城特色

永久的想望。我憧憬有一天可以到南部去，去普羅旺斯，在那裡
有一間屬於我的農舍，我與愛人過著閒散浪漫的鄉野生活：讀書
寫作，耕田勞動，性隨所致，自由自在。在這塊美麗福祥的土地
上，享受陽光，享受普羅旺斯慵懶愜意的快樂人生！

# 海狸的愛情
# Simone de Beauvoir and Satre

7

　　當薩特在卡魯塞爾公園第一次把她摟在懷裡，給她溫柔的親
吻時，海狸（薩特對波伏娃的暱稱）怎麼也不會想到她得到的這
份愛情不是獨一的，排他的。因為薩特告訴她：愛情有兩種，一
種是必然的，一種是偶然的，後者無足輕重，被愛者處於邊緣，
受到他的喜愛不會超過兩年的時間，而他對海狸的愛則是永久
的、必然的。同時，海狸也可以有自己的邊緣性愛人，但是二人
都必須顯示出透明度。於是，這份世界上獨一無二、驚世駭俗的
「愛情契約」由此誕生，而這兩個超凡脫俗的巨人就從此認認真
真地履行起了他們的誓言，這一行就是一輩子，五十一年。

　　在這份愛情契約裡，「無所謂忠貞不忠貞，你我只是一個
人，缺了哪一個，人們都無法說清楚我們的特點。」在波伏娃的
《女賓》（*L'Invitée*）裡，我們可以通過主人公之間的對話，詳盡
瞭解到薩特和波伏娃的感情問題，因為這部小說基本上可以說是
他們真實生活的寫照。從巴黎大學初相識，從二十多歲的鮮活青

春開始，他們一路走來，已經達到了你中有我，我中有你的忘我境地，互相融合得就像是左手對右手的那種認知。

> 他在說話，別人都不知道兩個人中是誰在說，別人在回答誰的問題。他的音調是她生命的一部分，同樣也是他自己生命的一部分。確切地說，只有一個生命，在正中間，只有一個人，既不能說是他，也不能說是她，只能說是他們。
>
> 他們倆誰都永不能從中（共同的愛情）為自己取出最微小的一部分，否則，唯一的可能就是無恥的背叛。
>
> ——《女賓》

「永遠不存在選擇我的問題，你不再擁有不愛我的自由。」這種誓言和信任給他們帶來無限的安全感。

不過，始終不渝、千秋萬代的愛情也有其弊端：因其太保險，以至於超越了時間、生命，和空間的範圍，就如同放了防腐香料，外表依然鮮亮，內裡卻有可能被一點點地蠶食掏空。為了防止這樣的不朽，他們也允許兩個鮮活的個體呈現出開放、自由的性愛觀，但得有一個前提，就是每次開展新的戀情，都要得到對方的應允。

「我們之間的關係不可能因此而發生任何變化，如果這事對你有哪怕一丁點的不樂意，你只要說一句話就行。」薩特體貼地徵求她的意願。

「你甚至可以愛上她，如果你願意。」海狸也很大度。

他們互相分享各自戀情中每一步的新進展：「我覺得她愛上我了。」「那你還猶豫什麼？」他們已經習慣了把經歷的一切事首先告訴對方，就好像兩個人一起經歷了一樣，因為他們互為對方的生命。

甚至她還為他去勸說那個被他看上眼的金毛小丫頭（《女賓》中的格絮維埃爾，現實中的奧爾嘉）：「一對和睦結合的夫婦已經很美好，而三個竭盡全力彼此相愛的人更加多姿多彩。多麼美好的三人組合，完全平衡均等。」

波伏娃，這個名字中有「de」字貴族姓氏的才女，舉世聞名的女權主義者，她的《第二性》（Le Deuxième Sexe）激起了多少女人的自主獨立意識，被譽為全球女性的聖經寶典。就是這樣強勢的一個女子，卻能夠不顧世俗的非議和詬病，心甘情願地容忍與眾多「偶然情人」一起分享薩特的愛情，不免叫人懵懂費解，匪夷所思。是什麼力量令她如此大度坦然？當她談論完滿的愛情、幸福、以及被制服的嫉妒心理時，難道她就沒有在扯騙撒謊？在外人看來，她那理想的契約愛情到底是真愛呢還是迷信？到底是言不由衷呢還是麻木不仁？

記得貴族才女張愛玲在見到漢奸胡蘭成後，寫了一首小詩：

　　見到他，她感到很低很低，低到塵埃裡。然而她卻是喜歡
　　的，從塵埃裡開出花來。

縱使最驕傲的張愛玲，也有肯俯首低眉的時候，因為她眼裡的胡蘭成很高大很偉岸，是自己崇拜的偶像。所以後來胡蘭成在逃亡過程中與一個又一個姑娘產生戀情時，張愛玲依然關心著他，給他寄錢寄信寄衣物。她說：因為懂得，所以慈悲。

　　從這個角度來講，也許薩特就是能讓波伏娃低到塵埃裡的那個人吧。

　　這個有著男人智慧的女人，不是世俗中那種「只會用腺體進行思維的小女人」（引自《第二性》：女人有卵巢和子宮，她在主觀上受到這種特殊限制，因而把自己局限在本性之內），在男人面前她不是作為「性」存在的，而是內心獨立的一個完整個體。她所呈現出來的女性氣質不只是簡單的卵巢裡傳遞出的某種氣息，而更像是柏拉圖式的本質，哲學思想的產物。她對那些「沙沙作響的裙子，甜膩造作的家具擺設」絲毫不感興趣，她只愛書籍：「唯有書本和思想經得住考驗，真實可信。」

　　在她的眼裡，只有薩特永遠那樣完美無缺。「多虧他，思想才降臨到人間，地球變得像一部書那樣完整統一，一部惡始善終的書。他的命運給我保證了世界的命運。」

　　而其他人根本不可能令她折服：「他生來命運不凡，可別人怎敢自命不凡冒冒失失地把自己當作食糧去餵養一群陌生人？」

　　他是一顆恆星，一個路標。她震撼於他遠瞻的政治思想和詩人般的萬丈豪情，與他的對話、讀他的作品總能給她帶來令人激奮的啟示。

　　她佩服他精力充沛的生命力：在她看來蒼穹的虛無使任何道

德都顯得微不足道，而他卻相信塵世間可能存在著某種振奮人心的希望。她佩服他永不枯竭的創造力：在別人看來難以深入的叢林地，他卻可以從那裡發現能按他風格創造的光輝曙光。於是，情人眼裡什麼都可能是美景：那個常人看到的斜視且身材短壯的薩特，在他親愛的海狸的眼裡卻成了「很漂亮，喜歡他彎睫毛下一雙美麗的綠眼睛，親切的嘴巴，煥發青春活力的眼瞼和少女般的長睫毛。」

也許我們本不應該用平凡小女人的心思來揣度她吧。他是她仰止的高山，她希望從他那裡得到的不是普通的情愛，而是深刻的理解與豐富的滋養。她要的也不僅只是一個具體陪伴的形骸，更是心靈默契心智提升後的滿足。一場智力上的交集，共同對真理的追求，其帶來的快感要遠勝於肉體的纏綿、荷爾蒙的相互作用。對於這樣高遠的男人，她是寧願看著他隨心所欲的，她覺得那是他應得的。依照這樣的思路，我們就可以理解為什麼她從不認為在兩個人的關係裡她是受害者，因為她是心甘情願地去縱容他。除了他，她不會為誰低到塵埃裡。

因此，基於彼此之間的這種絕對信任與相對自由，她確實成為了他身邊最永久的生活伴侶，最親密的朋友知己，和最真誠可靠的戰鬥夥伴。

波伏娃的文學作品基本上都取材於其生活中的真實點滴，從《女賓》中我們看到在履行這愛情契約過程中她那理智與情感上的艱難對抗，試圖對偶然與必然關係做出平衡與妥協的努力，在幸福與痛苦之間遊曳漂移的掙扎，以及對三人行美好願望的憧憬

和實踐起來的尷尬難堪。

而另一部使波伏娃榮獲「龔古爾文學獎」的小說《名士風流》（*Les Mandarins*），則讓我們詳盡瞭解了她和薩特共事過程中的細微點滴。「看他工作，她永不厭倦，在她為之慶倖的所有好運中，她把能與他合作共事放在首位。他們同甘共苦，同心協力，這比擁抱更可靠地把他們連結在一起。在工作中沒有一刻不是愛情的體現。」

工作時的薩特不能容忍一點點的停滯，他要求自己每分鐘都在進步，像叛教者那樣狂怒地把過去作為祭品全部燒毀，而只獻身於現實。在他身邊，只有波伏娃能夠趕得上他的步伐。她是他所有作品的第一閱讀人，提出建議，修改潤色，幫他理清思緒，為他安排日程。而率性而為的薩特卻也只會在波伏娃面前乖巧順從，得不到她的同意他絕不會做出任何決定。作為感情與事業上不可代替的夥伴他們彼此激勵與支持，一起寫作，一道旅行，一同參加政治活動，同時又不忘維護著各自的獨立和自由，一起承擔分享著對方偶然愛情中的情感歷程。

因為懂得，所以慈悲。她太懂薩特了：他不過是個征服狂，衝動於「偶然愛情」中的那份新鮮感。那些把他看作偉人，想像自己一旦得到了他的愛也必將從此才華橫溢，從生殖器到腦袋瓜都會得以提升的小女人只能使他不耐煩，從而更快地厭倦逃離，他最終真正需要的仍是他親愛的海狸的「必須的愛情」。她懂得讓他做出犧牲是不可能給她帶來快樂的，所以還不如大度地放手，無怨無悔地用一生的光陰來履行這份將性、愛、婚分得清清

楚楚的獨一無二的「愛情契約」。

「我唯一的要求，只是能夠與他相似。」正是波伏娃這種肯把自己低到塵埃裡的態度，使她和薩特攜手同行了五十一個春秋：從他們相愛的一九二九年起，一直到一九八○年薩特去世。

比起波伏娃這份和諧契約中的永恆愛情，發生在巴黎的另一椿情事中的女主角卡密兒（Camille Claudel）就很不幸了。如果說起初她是崇拜著羅丹（Auguste Rodin），完全心甘情願地委身於他，可後來她卻不肯再活在「羅丹學生」的陰影之下，於是出走鬧獨立，為的是要獨享羅丹的愛情，和向世人證明自己的才華。結果卻還是不夠瀟灑，既了卻不了那段情可也不能再回頭，於是就在絕望的掙扎與折磨當中，把自己送進了精神病院，了此一生。

所以說，波伏娃是幸運的，也是幸福的。連她自己也不諱言：

「年僅二十歲，就從心愛的人手中獲得一個世界，這是多好的運氣。」她惜福，呵護這福，所以便把這個福氣守住並陪伴了她整整一生。如今，兩人同眠在巴黎蒙帕納斯墓園，永遠相伴。

（在薩特的書信集《致海狸和其他人》（*Lettres au Castor et à quelques autres*）及電影《花神咖啡館的情人們》（*Les amants du Flore*）中，讀者可以更詳盡地閱讀、觀賞到他們的愛情故事。）

在巴黎蒙帕納斯墓園瞻仰薩特與波伏娃

# 追尋普魯斯特的似水年華
# In Search of Marcel Proust's Lost Time

讀普魯斯特，不可能是為附庸風雅——雖然這是某些時尚小編為小資們擬定的必讀書目之一；也非盲目跟風——某些崇尚法國文化的研究者終於發現一個天大的祕密：「那些法國人哪，都穿緊身泳褲，都在地鐵裡讀普魯斯特！」普魯斯特是一塊試金石，如果他的讀者不是與他性情相若，跟他靈魂的振動有著相近的頻率：都有一點敏感，有一點憂傷，有一點自戀，有一點神經質……那麼他們是一行字也讀不下去的。那些文字裡鮮有具體情節的完整描述，鮮有人們期待的邏輯理性的展開方式，就似夢囈一般，他可不隨正常人的思路來講故事，而是從自己那分不清是夢境還是模糊往事還是潛意識中攫取到的瞬間靈感，想到什麼寫什麼，想到哪就寫到哪，如潺潺流水般一味汨汨地流淌，流淌。多虧了他這跟著感覺走的隨意揮灑，於是世界文學中就多了一種

寫作形式：意識流。

　　可他的文字卻不似流水那般流暢順滑。很多人抱怨他的書閱讀起來很累人，那些句子太冗長臃腫，文字太繁複艱澀，再加上多是時間空間裡的心理意識的大段描述，枯燥乏味。然而他吸引我的地方偏偏正是這些不受人待見的「缺點」，剛巧我就有這麼一份變態的自虐傾向，每每讀得快把自己憋悶窒息之際，那份因盡興閱讀而帶來的美感與快感便從心中油然升騰，身心四肢面容毛髮裡都洋溢著滿滿的愉悅與自足。

　　喜歡他精緻綿密的文字，喜歡他書中描繪的跨世紀巴黎黃金年代的故事，喜歡他用音樂和繪畫來描述人和事，也喜歡他書中野獸派風格的插圖（人民文學出版社周克希翻譯的版本，採用的是Kees Van Dongen的繪畫）。那些文字和插畫，那些場景，那些人物，那些氣味和旋律，因了他的緣故，皆成了我所喜歡欣賞並心心嚮往的事物，成了我發現自己找到自我的介質，亦成了我賴以精神生存、並將其藝術昇華的基礎和依託。

　　其實就連普魯斯特自己也曾如此這般地去吸取精神滋養的。當寫到繪畫，他說：「一個繪畫愛好者，比如克勞德‧莫內的風景畫的愛好者，將不可避免地熟悉並愛上那些帆舟劃過水面、兩岸綠草茵茵的河流，愛上盧昂地區的某些風貌……彷彿它們成為神聖的地方，讓我們急欲前往朝聖，於是我們便出發去這些有如神啟的福地。」

　　一樣地，就因著那樣長久地執著癡纏在他的似水年華裡，愛屋及烏，連帶著他的人，他的事，他生前的居所，他身後的長眠

地，甚至和他沾親帶故的姑媽外婆家，都成了我神往已久意欲虔誠拜謁的地方。今年夏天在巴黎，我就這麼著手執地圖，雙腳踏遍了大街小巷，虔心誠意地去尋訪曾留下他生命印記的地方，在那真實場景裡還原書中曾描繪過的彼情彼景，將我兀自的想像還原到實際的本源，在理想與現實之間在時間與空間的交錯之中，去追尋普魯斯特的似水年華。

書上說普魯斯特青少年時期就住在瑪德蓮娜廣場附近，可我在那流連了兩天也沒能尋到一絲線索。在被眾多人指點東沖西撞之後，我終於在奧斯曼大街一百零二號的門前看到了一塊牌匾：Marcel Proust (1871-1922), habita cet immeuble de 1907 à 1919（馬塞爾・普魯斯特於1907至1919年居住於此）。哦，這就是他寫作整套《追憶似水年華》的地方！我興奮地跳了起來：就是這！這時剛巧大樓裡走出一位男子，見到我興奮的樣子報我一個友好的微笑：oui, c'est ici（沒錯，就是這。）

可這棟樓沒有一點名人故居的樣子，大門緊閉著，上方是CIC銀行的藍灰招牌。見我圍著這門打轉，男子告訴我：這裡曾經是普魯斯特居住的地方，可現在早已改作銀行了。我一聽大失所望：可我是他的超級Fan，專門從中國飛來探訪他的呀！男子沉吟片刻，說：那你跟我進來吧，不過我們已經下班，你只能待五分鐘。

踩踏著紅色的地毯，順著白色大理石樓梯拾階而上，這就是普魯斯特曾經走過千百次的地方，這黑色雕花鐵藝的扶手也曾被他撫摸過無數遍吧。我懷揣著莊嚴和肅穆，滿心儀式感地朝我心

目中的麥加聖地前進。男子說，從前二樓這幾個房間都是普魯斯特的寓所，自從他搬走後這裡就改做銀行了，只餘一間他的會客室，還按原樣布置著，算是向這位二十世紀法國最偉大的小說家致敬的一種方式吧。我不禁感慨：也許法國的文化遺產實在多不勝數，普魯斯特寫作巨著的地方居然都被拿來做商業辦公用途，真是暴殄天物啊！

雖然從沒見過他寓所的照片，但我對這房間並不感到陌生，你看那軒厚的牆壁，上面是普魯斯特搬進來第三年時命人加裝的軟木貼面，那時他神經衰弱，長夜難寐，怕光，怕塵，怕噪音。還有那厚重的窗簾，將屋子遮蔽得嚴嚴實實，以致他呆在這屋子裡顛倒了朝霞暮靄，忘記了日月晨昏。睡眠是他的一大問題，輾轉反側之時，昏昏沉沉之際，「周圍縈繞著時間的遊絲，歲歲年年，日月星辰，有序地排列在我的身邊。」

「通常我並不急於入睡；一夜之中大部分時間我都用來追憶往昔生活，追憶我們在貢布雷的外祖父母家、在巴爾貝克、在巴黎、在東錫埃爾、在威尼斯以及在其他地方度過的歲月，追憶我所到過的地方，我所認識的人，以及我所見所聞的有關他們的一些往事。」正是在這些難眠之夜，他肆意地放飛著千萬縷的思緒，「那幾輩子的思想，經過還魂轉世來到我的面前」，於是，我們便有幸讀到：在斯萬家那邊，在少女花影下，在蓋爾芒特家那邊，索多姆和戈摩爾，女囚，女逃亡者，重現的時光……在他的文章裡，普魯斯特把這個寓所稱作laboratoire charbonneux炭疽實驗室，他整天「se retrancha」繾綣盤踞在這暗無天日的世界

與CIC銀行經理在普魯斯特的「炭疽實驗室」

裡，親筆寫下、後因身體嚴重抱恙便氣喘吁吁地口授他百萬字的
《追憶似水年華》（*À La Recherche du Temps Perdu*）。

　　男子在一旁耐心地看著我驚呼，抒情，我也不敢耽擱他太多
時間，匆匆瞥過這有如神啟的屋子，在他神聖的寫字臺前小坐一
下，在那隔音的牆壁上輕撫一下，用眼睛攝下那些新古典主義風
格的家居裝飾：吊鐘，地毯，壁爐——我又一陣欣喜，那白色大
理石雕琢的壁爐與我家裡的那個幾乎一模一樣！這個發現令我好
似與普魯斯特的心又貼近了一層。

　　我給了男子一個深深的擁抱，真心感激他贈給我這難得的機
會。男子遞給我一張名片，原來他是這間銀行的經理。我們下樓
來到街上，一個久等在路邊的女子迎上前來給男子一個深情的擁

吻：我才明白，那是星期五的傍晚，原來男子挪用了他約會的時間給我做了一次私人導遊（這寓所從不對公眾開放）！

循著第二卷〈在少女花影下〉的描述，我從他的寓所出來後，就直奔香榭麗舍公園，去感受一下普魯斯特與吉爾貝特約會玩耍的地方。如今因為小說的緣故，公園裡的一條小路被命名為Allée Marcel Proust馬塞爾·普魯斯特小路。在這裡，十八歲的普魯斯特與他心愛的姑娘一起散步，談話，讀信，還有玩捉人的遊戲……吉爾貝特是巴黎聖日爾曼區上流社會花花公子斯萬的女兒，而斯萬正是普魯斯特鄉下姑媽家的常客。

整部《追憶似水年華》便是從回憶普魯斯特小時候去姑媽家度假的往事開始的，而那段往事又是由一塊瑪德蓮娜蛋糕的味道引起的。如今很多文藝小資們，就如同八十年代的文學女青年們都會背誦簡·愛的「你以為我窮就沒有感情嗎？」那樣，也會大段大段地引用普魯斯特那一段經典的「瑪德蓮娜椴花茶」的敘述：

「然而，回憶卻突然出現了：那點心的滋味就是我在貢布雷時某一個星期天早晨吃到過的『小瑪德蓮娜』的滋味，我到萊奧妮姨媽的房內去請安，她把一塊『小瑪德蓮娜』放到不知是茶葉泡的還是椴花泡的茶水中去浸過之後送給我吃。……我一旦品出那點心的滋味同我的姨媽給我吃過的點心的滋味一樣，她住過的那幢面臨大街的灰樓便像舞臺布景一樣呈現在我的眼前，……還有教堂，還有貢布雷的一切和市鎮周圍的景物，全都顯出形跡，並且逼真而實在，大街小巷和花園都從我的茶杯中脫穎而出。」

為了那被賦予了神祕色彩的瑪德蓮娜蛋糕和椴花茶，為了一窺第一卷〈在斯萬家那邊〉的景致，我在巴黎蒙帕納斯車站買了車票，在一個陽光大好的早上，坐火車去探訪普魯斯特的姑媽家——貢布雷。

　　從巴黎過去要轉一次車，兩個多小時吧。只有一節車廂的小火車在田野間奔跑，極目望去一派梵谷筆下麥田裡的烏鴉的景致。來到貢布雷，只有我和朋友下車。還好小候車室裡有一個人，見我們這東方面孔，二話不說就遞過來一張複印的小地圖，上面標示著去普魯斯特姑媽家的路線。我們不禁啞然失笑：是啊，遠方遊客來到這小鎮子不是為普魯斯特還能為誰呢？

乘火車去貢布雷追憶普魯斯特的似水年華

貢布雷小鎮古樸幽靜，梧桐的斑駁映襯著中世紀遺留下來的城牆「同古畫中的城池一樣」。鎮子地勢高低不均，使那紅磚青瓦的屋頂、煙囪、教堂及其鐘樓勾勒出一幅幅抒情的天際線。「貢布雷，從十裡開外遠遠望去，所見只有教堂一座。」被普魯斯特用無數筆墨描寫過的教堂就矗立在小鎮的中心廣場上，全鎮人的精神物質生活都是圍繞著這教堂展開的。順著教堂大門右前方的石子小路一直走下去，只消三分鐘的功夫，就來到了普魯斯特姑媽家。它佔據在街角的一隅，是一座三層高的小樓，庭院深深，如今已做博物館之用。

　　我看到了大門上那個鈴鐺，在童年的小普魯斯特記憶中，每當「那聲音像鵝卵石般潤滑，依稀閃著金光」的門鈴響起，就是斯萬先生來訪了。走進院子，我又看到了丁香樹下那張長椅，那是小普魯斯特飯後「透透空氣」的地方。如電影裡的蒙太奇一般，我感覺精神恍惚起來，如果此時給那場面配上音樂，那一定是電影 *Somwhere in Time* 裡的主題曲：〈似曾相識〉。雖從未踏足此地，卻彷彿依稀認得，從普魯斯特細緻的描繪中，我其實早已熟悉了這裡：一進門左手邊就是屬於傭人弗朗索瓦絲領地的廚房，她在那裡為大家精心製作「像一首短小、輕盈的應景詩」的個人作品：餐後甜點；右前方是會客室，在那裡，小普魯斯特總是趁著大家出去散步時，偷閒享受片刻清靜潛心閱讀；從右邊樓梯拾級而上，就是各位的起居室了，「那是鄉紳家常見的那種房間，有千百種氣味令人心醉，那是從品德、智慧和習慣中散發出來的芳香，氤氳中懸凝著一個人內心深處隱而不露、豐富至極的

全部精神生活。」

　　在姑媽的房間裡，我倚窗望向外面的街道，體會著姑媽那溫暖、單調的「我的小日子」，「她從早到晚就像波斯王公批閱史冊那樣地研讀貢布雷街頭的日常要事，爾後，同弗朗索瓦絲一起對見聞進行評述。」

　　小普魯斯特的房間就在姑媽的隔壁，這間房在我的記憶中總是充滿著憂鬱酸楚的味道。多愁善感的他多次提及對母親的依戀：他每天最怕面對的時刻，就是晚飯後要與母親告別自己上樓睡覺；而每天最期待的也是這告別時刻，因為會得到母親的親吻。可他多次寫到在那些有客人來訪的日子裡母親不能來跟他問晚安，他獨守著空房流淚思念母親的情景——兒時的心酸情緒陪伴了他的一生都未能釋懷。

姑媽床頭櫃裡展示著：瑪德蓮娜蛋糕，椴花，維希礦泉水

小普魯斯特的房間

在貢布雷附近，有兩個「那邊」供他們散步：斯萬家那邊，和蓋爾芒特那邊。我們離開鎮子中心朝「斯萬家那邊」走去。經過普魯斯特公園，來到郊外的大路上。路旁是一簇簇的刺山楂花籬，「她（指斯萬的女兒吉爾貝特）的名字在我和她一起聽到呼喊的那片桃紅色的山楂花下留下了芳香。」每回普魯斯特度假結束要返回巴黎時，他都要「流著眼淚，摟住長滿尖刺的樹枝向山楂樹告別」。當走過一段陡坡來到大路的盡頭，一陣清風吹來，頓覺豁然開朗——眼前這一片無垠的田野起伏的麥浪正是被普魯斯特父親「形容成他生平所見最美的平原風光」。這田園風光正是普魯斯特少年時代每次來貢布雷時見到的第一眼風景；這第一眼風景亦正是整部《追憶似水年華》的第一個回憶。熱愛了普魯斯特這麼多年，輾轉流連，如今我終於腳踏實地地站在了這裡，終於追尋到了他似水年華的本源。

# 吉維尼的暢想
## Chasing Monet in Giverny

那年的歐洲之行中，在義大利我重點看雕塑和建築，在東歐則體味著優美的音樂旋律，在法國，主要是欣賞繪畫。近代法國，橫空出世了無數引領各流派各風格的偉大畫家。第一個令我癡迷的，當屬克勞德·莫內（Claude Monet，1840-1926）。

這一個大鬍子老頭，卻有著一顆與外形相去甚遠的溫柔綿軟的心。莫內筆下的畫作，如果套用文學流派的名稱，當屬鴛鴦蝴蝶派，或婉約朦朧派吧。因著那淺淡的色調，細碎的筆觸，迷離的意境，光與影斑斑駁駁的交織與重疊，營造出月朦朧鳥朦朧晚風叩簾櫳的夢幻般的氛圍。這樣抒情寫意的唯美風格，自是吸引著一眾浪漫溫婉的有情人，如我等小女人的熱切追捧。

然豈止是我，目光所及，在很多人家的客廳臥室，在寫字樓在診所，在酒店在餐廳，……莫內或者莫內風格或曰印象派風格的裝飾畫，被普羅大眾廣泛接納且熱愛著，相當受用。

可百年前的情形卻不是這樣。

那時，習慣了欣賞鼻子是鼻子、眼睛是眼睛這樣寫實繪畫風格的觀眾，第一次看到莫內這含混不清、恍兮惚兮的〈日出〉，自是立馬產生理智與情感的雙重抗拒。有史以來，人們還從未見一幅畫如此地不像畫！沒有線條沒有形態，沒有景深沒有透視，沒有三維的立體而是平白一片，沒有光與影的明暗而是顏色的交替變換，……就那麼模糊不清如天地伊始洪荒中的一片混沌，這也叫畫？！「連毛坯的糊牆紙也比這海景完整！」藝評家氣憤地說，「他畫的哪裡是日出，只不過是他自己的印象罷了。」瞧，一個劃時代的繪畫風格就這麼在詛咒和譏諷中誕生了：這就是風靡法國跨世紀的一代繪畫流派：印象派。

　　印象派，顧名思義，畫的不是具體的形態，而只是畫家看待事物時的一種模糊印象罷了。它不同於之前的古典寫實派要求精準的素描和嚴謹的構圖；也不同於新古典主義那灰黑色調寒冷而空曠的悲涼感；更不同於巴比松畫派關注著農村以及無產階級的生活環境。產生於十九世紀七十年代巴黎的印象派，其在繪畫技法及主題上都有著不同以往的革新詮釋。印象派不在意畫得像，因為在這點上它比不過剛剛發明的照相機；也不意在要表現什麼深刻的主題，因為它的目的就是為記錄下這繁榮忙碌的時代節奏。它關注的只是光線的反射，色調的變換，以速寫式的筆觸捕捉那驚鴻的一瞥，回眸的一剎。

　　說到印象派，言必稱莫內，皆因在所有印象派畫家當中，只有他是真正完全實現了印象主義的理念和技法，並且一以貫之，堅持始終的。

那年夏天在巴黎，為了追蹤莫內，在奧賽博物館（Musée d'Orsay）我看了他的〈草地上的午餐〉、〈盧昂大教堂系列〉、〈打陽傘的女人〉等；在號稱「現代藝術的西斯廷教堂」的橘園博物館（Musée de l'Orangerie）我欣賞了他最大幅尺寸的睡蓮池塘畫系列；在莫內博物館（Musée Marmottan-Claude Monet）則拜訪了引發「印象派」一詞的名作〈日出〉！這還不夠，我還一路追到了吉維尼（Giverny），這個莫內晚年居住的諾曼第風格小鎮，距巴黎五十公里的地方。當年，搬去吉維尼後，莫內開墾土地，挖地造渠，在那裡修建了一個英式花園，裡面滿是各種浪漫花草；還有一泓睡蓮池塘，上面架著一座日本橋。在那自家的花園與池塘，莫內用他餘生的四十年，觀察著天光水影，一心一意、淋漓盡致地畫他的睡蓮池塘畫系列。

　　都說印象派繪畫就像照相時焦距沒對準後出來的那種模糊狀態。在莫內花園裡，我眼所見，其實那池塘水面的粼粼波光，倒映在水波中的綽綽花影，那淡藍、淡紫、豔粉、鵝黃，層層疊疊，斑斑駁駁，氤氳飄渺，閃爍迷離，收錄在鏡頭底下，拍出來的相片自然天成就是一幅幅典型的印象派作品。是這裡特有的空氣，光線和色彩給了印象派畫家以靈感嗎？無可諱言，法國這「上帝的後花園」自是承蒙著老天的厚愛，恰當的地理位置與宜人的氣候條件，滋生出繁花茂葉，天象也作美，光線也柔和，印象派畫家於是獨享著這份恩賜，捕風捉影，盡情地描畫著氣候的變化，季節的更替，空氣的流動，和光線的折射。莫內於一八八三年定居吉維尼以來，就流連徜徉在自家的花園池塘，通過觀察水

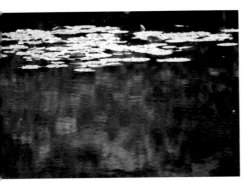

作者拍攝的睡蓮池塘

莫內的睡蓮池塘畫

中的不穩定元素，水面上光的鏡像效果，大量的光線反射，以及光所造成的色調變化，窮極其力地把印象派獨特的「瞬間性」和「空氣的外罩」（莫內語，即以光線折射造成的色調包圍要表現的物件）兩元素表達得淋漓盡致，誓要把外光派關注的光與色進行到底。在吉維尼的四十年裡，他共畫了二百多幅的睡蓮池塘畫。

吉維尼常年吸引著世界各地的印象派擁躉前來朝拜。對遊客而言，與其說是前來瞻仰莫內的畫室，感受印象派畫作的創作過程，還不如說是來逛植物園的。這裡沒有什麼莫內的真跡，我們除了參觀他日常的起居場所，其實也看不到太多與創作有關的彼情彼景。現在它儼然成了研究法國植物生態分佈的基地。吉維尼莫內花園由兩部分組成：一邊是

英式花園和住宅——圓拱形的長廊上開遍了粉紅的玫瑰、罌粟、紫薇、鈴蘭、牡丹、春桃、秋菊，競相訴說著她們芬芳的心情。另一邊在馬路的對面，是日式風格的睡蓮池塘：拱橋、小船、紫藤、垂柳、睡蓮、風信子、斑駁的樹影、水中的花影，一派幽遠朦朧，如詩如畫，如夢如幻。

莫內善於從很多畫風流派裡面吸取精華和營養，其中就有很濃的日本和風元素。其實很多印象派畫家都曾是日本迷，如馬奈、德加、梵谷、高更、勞特累克……在莫內的家中，陳列裝飾著大量日本風格的物件：摺扇、日本侍女圖、日式杯盤碗碟……日本浮世繪那動感的線條，明亮的色塊，強烈的裝飾性，都給了他很大的啟發和借鑒。我是在巴黎參團去吉維尼的，那團裡大部分是金髮碧眼，稍有幾個東方面孔，都被他們當作日本人，而事實也確實差不離，除了我之外。巴黎人對神祕東方的崇拜，說白了更是對和風文化的崇拜，那裡大小博物館美術館裡即便沒有中文標識，也都有日文的標識，更何況這莫內的水塘裡更是直白明瞭地架著一座取名叫「日本」的小橋，自是吸引著眾多東瀛粉絲了。

在莫內花園漫步，在柳岸花堤，在睡蓮池塘，才真真切切地感受到色彩和光線的魅力，將這些訴諸於筆端，便呈現出「最是那一低頭的溫柔，恰似水蓮花不勝涼風的嬌羞」（徐志摩）的詩情和畫意。在這樣如夢如幻的所在，理應有印象派音樂的陪伴。然而我摒棄了德彪西，卻揀選了較早於它的浪漫主義音樂：蕭邦的鋼琴曲。作為鋼琴詩人，蕭邦素描式的即興創作，色彩般的華

美旋律，夢幻般的朦朧意境，與莫內的畫風氣質確實很搭。我準備了最摯愛的 *Nocturne, Op. 9, No. 2* 和 *Nocturne in D-Flat Major, Op. 27, No. 2* 作為漫步吉維尼花園的背景音樂。這蕭邦混搭莫內的嘗試，令我忽然茅塞頓開：怪不得印象派粉絲中有相當大的一部分都是女性，你聽這婉約的鋼琴曲，再體會一下這印象派所呈現的那麼一份陰柔的靜美，是不是很像那如水的女人，柔軟慰貼，親和溫順，不張揚，不突兀，靜靜悄悄地送來一份清涼的慰籍。塞尚的好朋友作家埃米爾·左拉曾說：「一件藝術品是通過某種氣質所看到的自然的一角。」印象派的繪畫便具備這謙遜的氣質，甘為配角的美德：無論將它們掛在什麼場合，裝飾在哪樣的空間裡，都有著一份與周邊環境恰如其分的融洽與和諧。我想，正是其特有的這種裝飾性、相容性，令印象派發展百多年來仍廣受愛戴與歡迎。

回首我自己對莫內的親近，想來首先也是感動於其畫面的美感，執著於其意境的朦朧。對外行來說，接受一門新的藝術形式，總得先從好的第一印象開始吧。除了好看，很多印象派畫作所呈現的摩登的都市性主題也是我所感興趣的，那些作品是我瞭解跨世紀巴黎市井生活的一扇視窗。

作者拍攝的日本橋

莫內筆下的日本橋

印象派出現在巴黎的時間，正是老城市開始改頭換面的時候。自一八五三年起，城市行政長官奧斯曼男爵（Baron Georges-Eugène Haussmann，1809-1891）按照拿破崙三世的指示，對巴黎進行徹底而激進的改造，林蔭大道、廣場車站相繼出現。印象派畫家受到這股新風尚的影響，刻意回避了以往學院派繪畫對歷史、宗教、神話主題的關注，銳意創新，與時俱進，描繪著時下大都市的時尚，世俗化的生活：摩登的街景，咖啡館，音樂會舞會，花園，郊遊，野餐，橋樑，塞納河風光……按照印象派畫家們的好朋友波德賴爾的說法，作品就是要體現「時尚生活的瞬間」。盲目崇法的我，欣賞著這些對巴黎生活場景淋漓盡致的描繪，心裡自是滿足喜樂的。

　　這樣新式的主題（日常生活）與技法（速寫式直接畫法，關注色彩與光線），在繪畫界是對所見事物的看法與再現方式的一場革命，是印象派對現代藝術發展的主要貢獻。

　　印象派在西方現代藝術的發展中起著承上啟下的作用：它承襲了先前浪漫主義的熱情奔放和巴比松畫派的自然明朗；同時因為印象派中也有各種分支，每個代表人物對後世的影響各有不同：象徵主義的代表人物高更對形式和符號的強調影響了後來的超現實主義，後印象派的梵谷那純淨的色彩和粗暴的筆法影響了野獸派和表現主義，另一個後印象派的代表塞尚對體積和色塊的理解直接影響了立體主義的發展。

　　作為印象派最權威代表，莫內開發的「顏色的藝術速寫」擺脫了不必要的細節，精簡、概括，尤其晚期的睡蓮作品，常以急

莫內吉維尼故居

促的手勢化的運筆，在不同的系列中展現出自由且幾乎毫無道理的
顏色。這種不關注主題內涵，而旨在凸顯獨特的表現手段的方式，
深深地影響了後來抽象表現主義的發展，表現主義的先驅康定斯
基、蒙德里安等都認為自己通過莫內的作品明確了抽象的方法。

　　在吉維尼的日子裡，莫內致力於捕捉光線及天氣對物體外貌
的影響，並把這些觀察按時辰、月份、季節描畫下來，於是形成
了他著名的乾草垛系列，白楊樹系列，魯昂大教座堂系列，以及
睡蓮系列……他不在意畫評人對其「主題不夠深刻、技法簡略粗
糙」的指摘，傾心專注於他自創的「顏色的速寫」，於是，就有
了百年之後我們在各大博物館裡有幸欣賞到的這些不朽名作。而
吉維尼也因莫內四十年的居住成為印象派擁躉朝拜的聖地；而那
被莫內一遍遍描繪的英式花園、日式池塘亦因此成為愛畫人體會
詩中有畫、畫中有詩的曼妙境地。

# 彌漫在秋光裡的法國香頌
# Chansons in Autumn Lights

　　每到十月，每見落葉，就想起幾首關於秋天的法國香頌（Les Chansons Francaise）。而每次聆聽，每每唱起，又聯想到更多的人和事。於是，這些歌曲，這些記憶，便由這個季節串起，撲面而來，把大西洋那邊舊世界的祕密向我們娓娓道來。

## Octobre 十月

　　在我的心裡，曾將法語香頌：Francis Cabrel的《十月》（Octobre）視為描繪巴黎情調的最佳代表作。比起豔陽高照天舒氣爽的巴黎，我其實更喜歡有一絲陰沉，有一抹清寒，當男人們披著風衣扛著落葉與風雨的淒涼巴黎。Octobre這首歌帶來的就是這種意境：一把成熟的男聲，一把憂傷的吉他，就那麼顧自哼唱著，呢噥吟哦，娓娓道來，直到把梧桐葉子也催黃，把塞納河水

也唱寒了。我心中巴黎的迷人之處，就是那種悲悲戚戚、蕭瑟清冷的憂鬱氛圍。

是在一個秋天裡，從法國過來的朋友帶來了這首歌。那些留法的學生們畢業後移民來到魁北克，心中卻仍眷念著留下他們青春記憶的巴黎。於是有幸聽到他們唱了許多「思鄉」的歌曲，其中就有這首灰濛濛的*Octobre*。

灰濛濛的聲音，灰濛濛的曲調，正是想像中巴黎的灰暗氣質。要我說，巴黎就像四季中的秋天，像一天中的午後，像人生的中年時段，也像一個有擔當的成熟紳士。這個時令，這個年齡的男人，有點慵懶，有點倦怠，有點閒散，有點逸致，其間卻也不乏自然平實的真情流露。

*Octobre*的旋律抒情又憂傷，優美且流暢，加上民謠歌手 Francis Cabrel 那把略帶蒼涼且淒婉的聲線，一絲絲顫音，一點點調侃，深深地揪著聽者的心。

　　「風將折斷樹枝，霧將她白裙繚繞，落葉飄零滿地，睡倒在石頭之上：這個十月很嚴峻……」

　　其實這首歌曲裡並沒有什麼具體的故事，也沒交代什麼細緻的情節，就是將十月份裡眼之所見的那些事物一一羅列細細道出：

　　風啊，霧啊，落葉啊，陽光啊，圍巾啊，毛毯啊，花瓶啊，噴泉啊，雲朵啊，天線啊，鮮花啊，長凳啊，窗戶上的霧氣啊……一幅幅白描，漫不經心地，興隨所至地，就把巴黎的秋日風景活生生細密密地勾勒了出來。有那麼一絲惆悵，不多；有那麼一點感傷，不重。似一篇流水般的抒情散文，又似老舊電影裡的慢鏡頭，帶領我們躑躅於凸凹的石板小路，穿行在古老的街頭巷尾──巴黎的祕密就藏在這裡。

　　喜歡這首歌很久以後，才得悉它曾作為一檔電視劇《巴黎感覺》的片尾曲。沒錯，*Octobre* 帶給我們的就是一種感覺，一種意象，淡淡的，惆悵但不憂傷；悠悠的，綿長卻不拖遝。我心目中典型的法國香頌就是這個味道！

　　香頌，即法語 Chanson 的音譯，就是歌曲的意思。可直譯過來的漢字卻為它平添了可歎可聞的美麗內涵。事實上也的確如此。每當想起法國香頌，人們總是不自覺地就聯想到浪漫，抒情，美好甚至憂傷。法國香頌不以高亢振奮的節奏來吸引你，卻似民謠小調一般淺淺淡淡，平實直白，看似漫不經心，實則如那穿石的

滴滴泉水，輕輕悄悄地就滲進了人們的心田裡。不馴服，不炫耀，不自詡，不菲薄，不經意，卻也不簡單，頗有「坐看花開花落，笑望雲卷雲舒」的氣度和心態。這也頗似那高盧人的性情，套用一句法語就是que sera sera，愛誰誰，愛咋地咋地。這樣的去留無意，寵辱不驚，反而增添了法語香頌既浪漫且實在，既慵懶又怡然的別樣內涵。

*Octobre*朗朗上口，容易學唱，能夠成為一首聞名世界的經典法語香頌，我想這也要拜潛藏在其歌曲裡面的一種無為的氣質所賜。無論詞、曲，都是心隨所至、自然流淌出來，閑閑散散的，看到哪說到哪，走到哪唱到哪的任意發揮，很意識流的感覺。說到法國香頌的這種隨性氣質，倒讓我忽然有所頓悟：怪不得繪畫中的印象派，電影裡的蒙太奇，小說中的意識流，統統都源自巴黎，法國！只有將浪漫主義與自然主義有機地統一在骨子裡，和諧地揉撚在血液中的民族，才能夠創造出這樣依稀迷離、婉約朦朧的藝術形式。

除了*Octobre*，Francis Cabrel還創作演唱了大量的優美香頌，如：*Je l'aime à Mourir*、*Petite Marie*等，深受全世界歌迷的喜愛。


## Les Feuilles Mortes 落葉

這首歌唱的是秋天裡的落葉。

葉子落了，水不流了，太陽累了，你也走了。一切也該謝幕

了，是時候回憶了。

最喜歡一九八一年一個演唱會的版本：六十歲的Yves Montand穿著簡單的襯衫褲子，孤零零地站在舞臺上，聚光燈下，閉著眼睛，嘴角泛著微笑，不痛苦不仇恨，心平氣和地唱著：

「你瞧啊，我都沒有忘記，那回憶，那悔恨，與枯葉一起，都聚攏在那鏟子上呢。那時，人生美麗得多了，連陽光都比今天的還燦爛。你曾愛著我，我曾愛著你。然而生活卻拆散了這相愛的兩個。」

這首歌已被Yves Montand唱足了三十五年，在不同顏色的舞臺上唱，在不同際遇的情愛裡唱，對著一個又一個的嬌顏在唱……過去了，都過去了，那些糾纏過的人和愛，那些執著過的事和情，那些留在義大利，法國，和美國的印記，都如雲煙般散盡了。而如今，沒了煽情的小號，沒了華麗的樂隊，只一臺鋼琴，一束追光燈，他安詳從容地站在舞臺上，閉著眼睛，對著黑暗裡的虛空，朝著時光隧道裡的往昔與未來，用那把磁性而略微滄桑的男聲，顧自絮叨地吟說著：

「現如今，你還記得嗎我們相愛的那些日子？那時，人生美麗得多了，連陽光都比今天的還燦爛！」

從容是擁有後的放下，千帆過盡的釋然背後必定是豐富和深厚。

誰能否定呢？在他深情演繹的歌聲裡，Yves Montand不是在追憶自己愛的往事：也許是那年少時被恩典的愛情吧？十八歲就結識了年長他六歲的一代香頌女王Edith Piaf，跟著她初開了情竇，漸豐了歌唱事業的羽翼；或許也是正當年時郎才女貌的恩愛吧，與電影明星Simone Signoret的婚姻美滿幸福快樂自足；又說不定還可能是那段偷來的情愛，在北美大陸與瑪麗蓮·夢露那一段霧水情緣真可謂電光石閃激情四射……

如今，當那些愛情故事裡的女主角一一退去，只餘他一個人站在這舞臺之上，顧自回味。他追憶的又是哪一段情事，哪一個愛人呢？

*Les Feuilles Mortes*太柔情，太綿長，太憂傷，太惆悵，具有一首傑出香頌該有的一切特質，再加上由一張帥氣的義大利面孔親自來演繹，更具有說服力，從而當之無愧地被聽眾評選為二十世紀最偉大的法語香頌的前二十名。

這樣優美的香頌怎能不打動全世界人民的心呢？英語世界為這首曲子賦予了新的含義，題目叫做〈秋葉〉（*Autumn Leaves*）。爵士樂之王Louis Armstrong、黑人歌王Nat King Cole、女歌星Doris Day等，都曾用自己的方式演繹過這首秋歌。世界各國的香頌迷們也爭相著用自己的語言來把它傳唱。

　　就因著每年踏秋尋楓時必定有這首歌曲的陪伴，今年夏天，我專門來到巴黎的拉雪茲公墓，來看望他──為的這個出生在秋天裡的有情郎，為著他送給我們的這首永恆難忘的秋之歌。

## La Vie en Rose 玫瑰人生

　　與Yves Montand的感情畢竟短暫，這個香頌女王有自己的玫瑰人生。

　　我不喜歡頻繁地使用「盪氣迴腸」這個詞，總覺有被濫用的

彌漫在秋光裡的法國香頌

嫌疑。可是除了它，還有什麼詞語能更準確地形容這首歌嗎？如果當你知道，這首號稱法語香頌NO.1的《玫瑰人生》（*La Vie en Rose*）是由一個曾在蒙馬特街邊賣唱的窮丫頭、一個身高不足一點五米的小女子親自作詞並鏗鏘演繹的，你會不會也跟著她從歌聲裡看到那璀璨奪目、光芒萬丈的玫瑰色光束在空中閃耀呢？

　　說來也巧，這首法國史上最偉大的香頌，與那首次級偉大的 *Les Feuilles Mortes*，都是在同一年裡誕生的，就是在兩位原唱者（Edith Piaf和Yves Montand）相愛的年代，一九四六年。那時在二戰後的法國，到處充滿了對平靜生活的滿足和對光明未來的憧憬，那時候的愛情，那時代的頌歌，每一字每一句都是真真切切地發自人們的心坎和肺腑。當迷死人的Yves Montand瞇著深邃的眼睛，用那把磁性的嗓音唱出*Les Feuilles Mortes*的時候，我們都相信他那些關於愛情的告白是真的；而當從生活的坎坷中一次次爬起，堅強又倔強地對抗命運捉弄的Edith Piaf告訴我們La vie est belle生活是美好的時候，我們也毫無疑問地選擇了相信。對歌迷們來講，*La Vie en Rose*既是一首悠揚悅耳的經典香頌，它同時也是Edith Piaf那百折不撓光輝絢爛的玫瑰色人生。

　　二〇〇七年上映的法語傳記電影《玫瑰人生》（*La Vie en Rose*）為我們還原了一個比較真實的Edith Piaf：童年時被棄，妓院裡長大，馬戲團裡獻藝，街頭酒吧賣唱，唯一的女兒夭折，信賴的經紀人被殺，最愛的人兒墜機身亡，一而再再而三的車禍意外，酗酒，吸毒，……這林林總總戲劇性的波折和動盪居然全發生在一個僅有四十八年生命的女人身上，而這個女人的肩膀卻是

那麼狹窄，她的軀體竟是那麼弱小，如果她抱怨世事的不平遭遇的不濟也是情有可原理所應當的。然而這個女子瘦小的軀體裡卻裝著一副無比堅強的靈魂，似蓄滿沸騰岩漿的火山一俟爆發便勢不可擋。她無視命運的不公，堅定地為我們唱出這首傳世勵志歌曲：「愛的夜永不終結，幸福悠長代替長夜，煩惱憂傷全部消失，我看見玫瑰色的人生」（*La Vie en Rose*）。她沒有被愛人空難的噩耗擊倒，親自寫下這樣絕決的誓言：「就算天空在頭頂崩缺，就算腳下的大地塌陷，都不要緊，只要你愛我，我不理會整個世界」（《愛的頌歌》*L'Hymne à l'Amour*）。而在人生的盡頭，當她回看自己走來的路，堅定地告訴大家：「不，我一點也不後悔。無論是對我遭遇到的好事，還是壞事，我都不後悔」（《不，我不後悔》*Non, Je Ne Regrette Rien*）。這些又堅強又倔強的鏗鏘話語，經她實踐，由她道出，我們真的相信！

Edith Piaf傾心為我們唱出了一首又一首生命的讚歌，尤其這首骨灰級的*La Vie en Rose*已經成為了比《馬賽曲》還出名的法國經典香頌第一名，還被很多外國人視為法國的國歌。

今年是她去世五十周年，在巴黎拉雪茲公墓，她一點也不寂寞，身邊有家人陪伴，不遠處還躺著曾經的戀人Yves Montand。灰色的大理石棺木上是歌迷們獻上的鮮花，還有來自全世界熱愛她的人們的祝福。我在她的墓前蹲下來，輕輕地摩挲著那幾個字：Madame Lamboukas, dite Edith Piaf（Lamboukas夫人，人稱Edith Piaf），希望能以我的手溫帶去對她的敬愛和謝意，也希望能夠從她那裡獲取一點頑強生命的勇氣和能量。

在巴黎拉雪茲公墓，Edith Piaf（上）與Yves Montand（下）
的墓碑。

# 深愛如海
## ——寫在Remembrance Day

# A Love Deep as the Sea
## -- Written on the Remembrance Day


　　十一月的魁北克，在白濛濛的飄雪中，綻放著火紅的罌粟花。同世界上很多國家的人們一道，我們都在紀念一個特殊的日子：Remembrance Day，戰爭紀念日。罌粟花血色浪漫，戴上它，不忘那些在一戰二戰及各種戰爭中為追尋和平而流淌的鮮血和逝去的生命。

　　戰爭已然遠逝，關於炮火紛飛中的點點滴滴，作為後人的我們只能夠借助書本或影視作品來遙想和追憶。今年夏天，在巴黎榮軍院戰爭博物館的二戰展廳裡，赫見我喜愛的一部小說出現在反映法國抵抗運動主題的展品中：*Le Silence de la Mer*，中文譯作《沉靜如海》。這是一部寫作於巴黎被德軍佔領的一九四二年的短篇小說，它遠揚的知名度主要歸功於二〇〇四年上映的同名電影。

有一段愛情，無需表白，不必言說，澎湃在心間卻如海浪一般翻滾激蕩。有一種愛情不能正視，也不敢承認，只能如深深的海洋一般靜默沉寂，藏在心底。愛情本來是件美麗的事情，可是戰爭中的人們卻要無奈地在一個荒謬的時代背景下經受人性的艱難拷問——如果愛上的是敵人，可怎麼辦？

二戰初期，法國淪陷。一個寧靜的村莊裡，爺孫二人的老宅被敵軍徵用了。一個德國軍官被他所屬的部隊指派住進了這裡。爺爺和孫女手無寸鐵，卻有尊嚴，面對這個不速房客，他們一直以堅定的沉默來表達無言的抵抗。然而戰火的紛飛遮掩不了人性的本真，這位軍官彬彬儒雅，禮貌有加，每天不顧爺孫的漠視，小心謹慎地出入，禮數周到地問安，還時不時將心底的話語以獨白的方式娓娓道來：他談論自己的生活、喜愛的音樂，和崇尚的法國文化，他曾真誠地希望兩國

巴黎榮軍院戰爭博物館陳列的小說：《沉靜如海》

可以攜手合作創造光輝燦爛的偉大文明，而當意識到德軍佔領法國的真正目的不是共建而是掠奪，他又為此深深地痛苦和自責。從他的表白裡，爺孫感知了他的誠摯和友善，漸漸瞭解了那納粹軍服下隱秘的內心世界。可失國的仇恨、民族的尊嚴使他們盡力克制著內心底裡對他的接納和認可，不肯正視他，也不肯與他講話。於是這同一屋簷底下的三個人就一直戴著各自的面具，抑制著真情實感，固執地維持著這種僵持的局面。

軍官尊重他們的沉默：「我之所以喜歡大海是因為她的寧靜。我說的不是海浪，而是別的東西，神祕的東西，是隱藏在深處謎一樣的大海。我很高興能見到一位有尊嚴的老人，還有一位默默無語的小姐。」

隨著時間的流逝，爺孫倆緊繃的心弦開始變得柔軟，開始在心底裡惦念著他，記掛著他。更甚至，女孩和軍官竟在無知無覺間互生了愛慕的情愫。

沒有語言的交流，沒有身體的接觸，能讓兩顆心靈產生碰撞的，那必定是一種精神層面的交集。當軍官第一腳踏進她的家門，女孩正在彈奏著鋼琴曲：巴哈的十二平均律——《C大調前奏曲》（*Prelude in C major No.1, BWV846*）。而這恰恰就是這個現任軍官、曾經的作曲家最喜歡的曲子。對古典音樂稍有點瞭解的觀眾能夠一下子分辨出，這首樂曲正是著名的歌曲《聖母頌》的伴奏音樂。法國浪漫主義音樂家古諾之所以能夠將這首鋼琴練習曲天衣無縫地糅合進頌贊聖母的歌曲裡，正因為巴哈的音樂裡面充滿了聖潔的光輝。軍官與少女的初相逢就發生在這頌歌一般高雅聖

潔、古樸蕭穆、純潔寧靜、虔誠明朗的美好旋律當中。巴哈的音樂搭建了他們的心橋，在音樂裡他們惺惺相惜，心心相通。

聖誕夜，他親自為女孩彈奏這首曲子。正襟危坐、面有正色的女孩，沉浸在優美的琴聲樂音裡，一顆封閉禁錮的冰心隨著飛揚的音符漸漸消融，冷峻的眼神裡開始有了春天的暖意，那一刻的幸福美好悄悄呈現在微微上翹的嘴角——這是她與軍官共處以來唯一的一次輕鬆，一抹微笑。如果時間能夠就此凝固，如果戰爭能夠就此結束，如果雙方不再對峙，如果和平就此降臨，該有多好！唯有在這純淨的樂音裡，女孩暫時忘記了被侵之辱，忘記了國仇家恨，一顆心隨著音樂旋律輕舞飛揚，遊曳蕩漾。那夜，在她的心底裡，滿滿地充盈著對軍官相知相交相惜相許的戀戀情愫。當軍官離去參加營隊的聖誕晚會，她悄悄地來到他的房間，雙手捧起他的圍巾，貼在臉頰，貪婪地嗅吮著他的味道。她坐在他的床頭，小心地摩挲著他的枕頭，就像撫摸著他偉岸的身軀。她慢慢地躺了下去，手裡緊緊勞抓著他的被單，就似依偎著他，把心底裡隱忍已久不敢說亦不能訴說的愛慕完完全全地獻給他。

喜愛音樂的人懂得，在音樂帶來的共鳴裡面，人們所持的不同政見、立場和觀點都顯得那麼渺小，渺小得可以低到塵埃裡。純粹美好的音樂旋律有力量將敵對雙方緊張對峙的氣氛化解，如萬丈霞光般照亮人們晦暗的心田。面對著一個對自己沒有威脅，沒有進攻性，還紳士風度十足，都共同熱愛著巴哈的敵人，少女知道，這份愛無法用理智來泯滅。

人類有些情感是不可抑制的，不以人為劃分的階級界限為屏

巴哈的Prelude

障，比如愛情。純粹的愛不論目的，不問利益，因著某些共通的
精神性，令愛戀的雙方深深地沉醉於相知相通的快慰之中。愛情
中來不得半點假裝和偽飾，只有兩顆心靈發出的電波一致，才能
產生天崩地裂般的共鳴。愛情也是不能阻擋不可抑制的，愛就愛
了，覆水難收。因此真實的純潔的高尚的愛情，無論發生在任何
時間任何地點任何人的身上，都令人肅然起敬，給予祝福。所以
《沉靜如海》這部小說即便發表於巴黎被占時期的一九四二年，
仍然獲得了法國人民的理解和肯定。

　　盛產哲學和音樂的國度滋養著血液裡充滿理性與音符的國
民，哪怕當他們的身分是侵略者，純粹明淨的音樂光輝仍然在他
們的心底閃耀。這也是我偏愛某些二戰電影的一個原因，往往在
劍拔弩張的對峙中，正是音樂化解了雙方的敵視，甚至正是音樂

挽救了很多寶貴的生命。在電影《鋼琴師》（*The Pianist*）中，波蘭猶太裔鋼琴師為了逃避德軍的追捕躲藏在一個被炸毀的樓房裡，卻仍不幸被發現了。那個身材高大的德國軍官矗立在佝僂瘦弱的鋼琴師面前，就似一介巨人之於一個螻蟻，隨便輕鬆地就能把他碾碎壓死。然而當他得知猶太人曾經是個在電臺演奏的鋼琴師，便叫他彈奏一曲來聽聽。這回將敵對雙方的心拉近的不是巴哈，而是蕭邦。電影裡猶太人為納粹軍官演奏的畫面充滿了諷刺與矛盾：鋼琴上的軍帽，一身戎裝的背影，襯托著的卻是一張蓬頭垢面的猶太面孔。蕭邦的《G小調第一敘事曲》經由那雙久未觸摸琴鍵瘦弱蒼老的雙手的滑動，叮叮咚咚地彌漫在空蕩蕩的房間裡。隨著那純美旋律升騰在空中的，是在晨光中跳舞的塵埃，猶太人充滿了光芒和幸福的眼神，以及德國軍官臉上的一抹溫柔。一首蕭邦的鋼琴曲，令他們暫時忘卻了仇恨忘記了恩怨，冷酷的情感回暖到了人性真與善的本質。在音樂裡，這副猶太身軀不再是德軍刀俎下的皮肉，而那個納粹軍人亦喚醒了久藏的悲憫情懷。軍官不僅沒有將他緝拿在案，反而還給他送來了乾糧和衣物，保住了他的生命。

無論是侵略者一方的德國民族驕傲巴哈，還是被侵略一方的波蘭音樂家蕭邦，作為受全世界共同推崇敬仰的音樂大師，他們不再是狹隘的民族財產，亦不僅只是某個國家的私有財富，他們是全人類共同擁有的寶藏。他們創作的音樂，是人類靈魂自然而普適的語言，具有足以粉碎各種罪惡的力量，洗滌著蒙蔽在人們心靈上的塵埃，呼喚著人類所有的終極關懷。

這樣想來，便也理解了常聽到的一句話：熱愛音樂的人壞不到哪去。也許正是音樂中純粹、清潔的屬性與人性中的真與誠相通契合，從而將人類善和美的本質提升了出來。所以我們常能看見一些看似矛盾、實則合理的現象：在血液中流淌著音樂旋律的德軍身上，時不時會閃現一些與其冷酷外表與侵略行徑不甚和諧的人性的光輝，比如那個挽救了鋼琴師生命的故事。那是一個真實的故事。

二戰時期，有一首流傳甚廣的歌曲也體現了音樂的這種共通性，那就是備受交戰雙方共同喜愛的《莉莉瑪蓮》（*Lili Marleen*）。它曾傳遍了整個二戰戰場，甚至出現過戰壕裡協約國和同盟國的士兵同時哼唱此歌互相交戰的情景。歌曲是以德語演唱的，很多同盟國的士兵其實並不懂它唱的是什麼，可那憂傷的旋律仍深深打動了戰壕裡每一個士兵的心。一位倖存的英軍士兵回憶道：「在距離我們不遠的地方，德國士兵也在收聽同一首歌曲，分享著同我們一樣的孤獨和渴望。那時正是一九四二年的春天，對陣雙方的戰士都遠離家鄉。」無需翻譯，無需言語，大家都從這旋律中聽到了相同的寂寞和憂傷，聽到了對和平的想往和渴望，以至於同時產生了消極厭戰的情緒。

在戰爭中，能教敵對雙方產生共鳴的，恐怕只有音樂。

音樂是聯通敵友的紐帶，音樂是不便訴說的語言。在《沉靜如海》中，當少女獲悉軍官的車輛被安置了定時炸彈，她多麼焦急，多麼擔憂。見軍官下樓準備上車，她眼含淚水，欲言卻止，情急之下，激動地彈奏起了暴風驟雨一般的樂曲。那音樂裡充滿

了焦灼和恐懼，如山呼海嘯般一浪接一浪地撲來，拖緩了軍官的腳步，最終使他倖免於難。

戰爭使他們成為敵對的雙方，音樂卻又將他們緊密相連。在巴哈的鋼琴曲中互生愛慕情愫的少女和軍官，本應享受愛情帶來的幸福和歡愉，可不幸地，他們的感情裡面被迫摻進了民族尊嚴與愛國立場，於是他們便在這段不能正視的戀情裡面互相折磨，欲言又止欲說還休。年輕的大好時光就這樣在隱忍克制間慢慢地流逝了。

看過一些資料，說戰爭結束後法國國內開展清算運動，其中一項就是將那些曾與德軍有染的法國婦女剃光頭剝光衣遊街示眾，不問理由。不禁發問：在那些被扣上與敵軍通姦帽子的法國女子的故事裡，我們能一味否認其中就沒有過一些真摯的正當的愛情嗎？記得曾經讀過一句話：世界上一切皆可忍受，唯有咳嗽和愛。當愛情來了的時候總是勢不可擋，戀愛中的人兒哪還管得了什麼政見階級觀點看法。著名時裝設計師Coco Chanel在被質問二戰期間與德軍通姦的行為時，她說：「如果你已經五十多歲了，還有一個三十歲的年輕小夥子追求你，你還會去看他的護照嗎？」不管她的話裡有多少狡辯的成分，但我願意相信，當一份浪漫的愛情來臨時，沒有多少女人還能夠清醒地去辨別對方的身分和立場。

愛，本來很簡單，很純粹。可當愛上了一個不該愛的人，就多了一層悲劇的意味。喜歡這樣一種關於「悲劇」的定義：悲劇就是將理性置於道義的兩難，或將道義置於理性的兩難——（學

者林炎平）。在相處的半年時光裡，少女將對軍官的愛情深深埋藏在心底，啞人一般隱忍著沉默著，為了她認定的正確的立場，為了她心中堅守的道義。終於，軍官要走了，即將奔赴那零下四十多度的俄羅斯戰場，奔向那一去無回的死亡前線。這一走，便是他們永遠的訣別。這殘酷的生離死別終於逼出了少女決堤的淚水，她踉踉蹌蹌地追出門去，站在軍車旁，滿面淚流，對著這個祖國的敵人、她的精神愛人，說出了第一句、也是最後一句話：再見！

　　戰爭，這樣殘酷。十一月份盛開的罌粟花提醒我們：和平，這樣珍貴！

# 那一抹霧濛濛的「呼愁」
## ——讀《伊斯坦布爾：一座城市的記憶》
# Reading Pamuk's "Istanbul: Memories and the City"

　　讀這本書，要選擇一個雨天的午後，坐在靠窗的桌前，一杯土耳其咖啡，一首簡慢的吉他曲（可否借用一下〈阿爾罕布拉宮的回憶〉呢？）。細雨打濕了窗戶，你透過霧濛濛的窗向外望，依稀可辨迷蒙的街燈，疾行的路人，和石板路上散落著的枯枝、落葉。一股濕漉漉的惆悵漫過心頭。於是你小心地翻開書，讀到扉頁上的一行小字：「美景之美，在其憂傷。」

　　於是，在這樣一份淡淡憂傷的氛圍中，你慢慢走進了奧爾罕‧帕慕克的文字裡，跟著他細密的描述，你來到了伊斯坦布爾。

　　這是一本關於回憶的書，這是一本關於命運的書：

　　「伊斯坦布爾的命運就是我的命運：我依附於這個城市，只因她造就了今天的我。」

「她對我而言一直是個廢墟之城，充滿帝國斜陽的憂傷。」

「我一生不是對抗這種憂傷，就是跟每個伊斯坦布爾人一樣，讓她成為自己的憂傷。」

帕慕克從沒離開過伊斯坦布爾，寫作此書時依舊生活在五十多年前媽媽抱他最早看世界的那個地方。在這裡，作者用詩一般細緩的筆觸，帶領我們走進他的家，他的街道，和他一起逆向閱讀他的城市的生活與歷史。

讀他的書，不要企望能獵到奧斯曼帝國的豐功偉績，蘇丹後宮妻妾的奇聞軼事；也不要企望讀到伊斯坦布爾的歷史古跡多麼壯觀，博斯普魯斯海峽的風光多麼迤邐。這不是一本轟轟烈烈的小說。帕慕克筆下的伊斯坦布爾，如書中用一整章節描寫的西方畫家梅林的版畫一樣，是沒有中心、無邊無際的。「那是一種水平的動感，沒有任何東西躍入眼中。」他只是借助了伊斯坦布爾無限可能的生活場景：街巷、廣場、花園、噴泉、集市、攤販、城堡、廢墟、山丘、岡巒、船隻、橋樑、海峽、河灣、氛圍、氣味……這樣一個個生活中的細節，為我們提供了一個奇妙的天堂，邀請我們在其間隨意漫遊。

細節定義了城市的性格。

# 成長的蛻變

　　與其說本書是Pamuk的回憶錄，不如說是他二十二歲前對自己生活的這個城市——伊斯坦布爾——認識過程的幾次轉變。

　　財富若是關鍵，那他的確是有幸生在一戶共和國時代的新富家庭。童年的帕慕克與這城市是遠離的，他的世界裡只有那個高尚住宅區的尼尚塔石街——曾經某帕夏的官邸花園。他們家族共同生活在那個稱作「帕慕克公寓」的大樓裡：每層樓至少有一架鋼琴，各家都有新教派的德國保姆。小帕慕克在整棟樓房裡跑來跑去，玩著從歐洲帶回來的玩具，最遠也是跟著媽媽去博斯普魯斯的海灘散步，欣賞昔日富麗堂皇的雅麗別墅。他非常清楚「所有的窮人都屬於我一無所知的團體」，「神只在乎窮人，我們這般人幸運得足以不需要她的愛。」一九五〇年代末，在七八歲孩童的他的眼裡，也曾目睹過奧斯曼帝國的帕夏官邸，雅麗，僧侶教堂在土耳其化的進程中被摧毀的巨變，但那時他還不甚瞭解大人身上那份緊追西化和現代化的潮流、渴望迅速擺脫衰亡帝國的心酸記憶。

　　除了富有的生活氛圍，他對伊斯坦布爾的瞭解更多地是從西方旅人的詩詞畫作中得來的。帕慕克的父親喜歡古典音樂、是存在主義文學的擁躉，號稱「幾次在巴黎街頭見過薩特」；而他的姑父是當時土耳其最受歡迎的《生活》週刊的主編。在這樣充滿了書香氛圍的家庭中長大，小帕慕克得以有機會接觸許多大部頭

書籍。而實際上，童年的他總是在祖母的房間裡，自己饒有興致地翻看那些大人的藏書。由此他知道了：

德國畫家梅林的版畫《君士坦丁堡與博斯普魯斯海岸風景之旅》（一八一九年出版），精確地描畫出昔時的大伊斯坦布爾主義：博斯普魯斯的旖旎風光，複臺風格的雅麗建築，皇宮花園，廣場噴泉。

一八四三年來到伊斯坦布爾的法國詩人奈瓦爾在《東方之旅》中稱讚「伊斯坦布爾有著全世界最美麗的景致，它就像《天方夜譚》」。

而奈瓦爾的朋友法國作家戈蒂卻少有地描寫了伊斯坦布爾的貧民區，廢墟墓園，及骯髒的街巷。一八五零年福樓拜造訪伊斯坦布爾：他厭倦這醜惡冷酷、神祕的東方情調。

……

在十八、十九世紀的光輝歲月裡，法國與英國文學創造出的伊斯坦布爾形象，都集中在西方人感興趣的：僧侶教堂，近衛步兵、奧斯曼服飾、宮殿與後宮、奴隸市場、街頭乞丐、墓園、清真寺、博斯普魯斯的漫遊、天際線之美，等等充滿著異國情調的方方面面。那時沒有多少本地人對自己的城市進行過認真的描述和記錄，所以小帕慕克對自己公寓外的那個伊斯坦布爾的理解，更多地是從來自西方人筆下的描述之中。

帕慕克十一歲時，曾經在半夜裡目睹了一艘蘇維埃軍艦悄悄駛入博斯普魯斯海峽，在大人的恐懼和擔憂中，他漸漸明白了博斯普魯斯對於他，不只是美麗海灘的漫步，更是世界地緣政治的中

心，冷戰時期的割據焦點所在。眼見中東的財富從這裡溢出他們的城市，奧斯曼人敗給蘇聯和西方以來的日漸衰落，以及歐洲逐漸消失的目光，少年的帕慕克也成了憂心忡忡的伊斯坦布爾人中的一員，朦朧抽象地開始向內看，性格中加入了謙遜卑微的成分。

那時帕慕克總找各種理由蹺課，而蹺課的去處就是伊斯坦布爾的大街小巷。這可以說是他第一次與自己的城市這樣親近地接觸：「漫遊在城市的角角落落，得以看見只有真正漫無目的、遊手好閒的傻子才會注意到的東西」：塵土、鐵鏽、煙霧、污穢、殘骸、裂紋、斷壁、廢墟；泥濘的公園、荒涼的空地、電線杆以及貼在廣場和水泥怪物牆上的看板、骯髒的街巷、打開的垃圾桶傳來的惡臭、人行道的坑坑窪窪……「這一切混亂無序，這城市特有的推推搡搡，不禁讓我懷疑她是否在懲罰我加入骯髒破舊的行列，懲罰我人在此地。」少年帕慕克終於切身看清了原來這才是自己賴以生存的城市，原來這就是自己生命中的一部分。「我看見他們，內心醞釀的憤怒使我討厭城市，也討厭我自己。」

而伊斯坦布爾都市專欄作家的記錄，更是深入到日常生活的細枝末節當中。通過流覽這一百三十年來的一些報導片段，作者得以瞭解到伊斯坦布爾經歷了帝國衰落，共和國建立，冷戰期間的對抗，土耳其化進程這一系列的巨變。涉及到實際生活當中，就是人民生活愈加破落衰退，受人歧視、微不足道的自卑心理愈加強烈。

隨著年齡的增長，帕慕克對自己城市的理解逐漸由向外看變向內省，把視線從滿城的廢墟殘垣轉到了擅長描述這破敗所帶來憂傷的四位孤獨的伊斯坦布爾作家，他們是：記事錄作者希薩爾

（《博斯普魯斯文明》），詩人雅哈亞，小說家坦皮納，記者歷史學家科丘（《伊斯坦布爾百科全書》）。

　　四位都出生於大帝國的衰亡期，成長在共和國的建設中。他們深刻瞭解奧斯曼文明及其衰微的必然性，又切身經歷了土耳其化意識形態的蒸蒸日上，感受到向西看的伊斯坦布爾急於撇清與過去的聯繫，排斥、遏制、挪揄並懷疑與奧斯曼時代有關一切的極端化。糾結於這錯亂複雜的意識形態裡，四位作家把寫作視角集中在了與失落和毀壞有關的憂傷之中，對身為伊斯坦布爾人而沒資格繼承帝國最後一絲偉大文明而內疚，對自己的城市畫虎類犬地模仿西方的舉措而悲傷。這種「後帝國憂傷主義」作家的描寫，作者稱其為「廢墟的憂傷」。這四位作家的憂傷深深地感染著帕慕克，他們成了真正給他以滋養、引發他靈感的源泉。

　　從此，他深深地把這份憂傷注入到了自己的靈魂，注入到了自己的城市：伊斯坦布爾。

# 「呼愁」與黑白影像

　　整本書散發著淡淡的憂傷，土耳其語為huzn或hazen，直譯為「呼愁」。帕慕克深愛著這份憂愁，以至於專門闢出兩個章節來描寫什麼是「呼愁」。他說：

　　對詩人而言，「呼愁」是霧濛濛的窗戶，介於他與世界之間。它不提供清晰，而是遮蔽現實，它帶給我們安慰，柔化景色，就像冬日裡的茶壺冒出蒸汽時凝結在窗上的水珠。

　　對作者而言，「呼愁」是「太陽早早下山的傍晚，走在後街街燈下提著塑膠袋回家的父親們。隆冬停泊在廢棄渡口的博斯普魯斯老渡船，船上的船員擦洗甲板，一隻手提水桶，一隻眼看著遠處的黑白電視；在一次次財務危機中踉蹌而行、整天惶恐地等顧客上門的老書商。」……（此處省去用整整四頁紙、六十六個生活場景來形容的「呼愁」。）

　　對伊斯坦布爾人而言，「呼愁」不是某個孤獨之人的憂傷，而是數百萬人共有的陰暗情緒。這種集體的感覺和氛圍，就是伊斯坦布爾整座城市的「呼愁」。

　　這是一個布滿了廢墟的城市，這是一座充滿著憂傷的城市。伊斯坦布爾人生來就被賦予了呼愁的內在氣質，那是早已經埋植於他們體內，注入於他們血液的基因。回憶過去會陷於舊時的輝煌，那份傷感令他們感到呼愁；忽略過去並與之斷絕關係，那份

空虛令他們感到呼愁；面對越來越受冷落的遺棄感，他們感到呼愁；直視眼前的挫敗與貧窮，他們更感受到呼愁。千瘡百孔的伊斯坦布爾啊，讓你的人民怎能不為你感到憂愁！

在呼愁中成長的伊斯坦布爾人，逐漸練就了與「愁」共存的生活智慧。「我們自豪地承擔並作為一個社群所共有的『呼愁』」。「這種呼愁鼓勵我們樂天知命、尊重和諧、一致、謙卑的美德。」它讓伊斯坦布爾人不把挫敗和貧窮看作歷史終點，而是早在他們出生前便已選定的光榮起點。呼愁為他們的聽天由命賦予了某種尊嚴，卻也說明瞭他們何以樂觀而驕傲地選擇擁抱失敗、猶豫、挫折和貧窮。呼愁不僅麻痹伊斯坦布爾的居民，也提供他們麻痹的誇張手法。

作者近乎自虐狂般地享受擁抱著這份呼愁。他把這全城共用的呼愁用一幅幅黑白影像來形象地加以詮釋：感受這種呼愁等於觀看一幕幕景象，那是年久失修、顏色褪盡的頹垣斷壁，破窗殘宇；那是海鷗築巢的清真寺圓頂看得見的黑白之霧；那是空寂荒蕪的墓地是破舊木屋前的殘破噴泉；那是古勒的攝影集《消失的伊斯坦布爾》中每一幅黑白老照片……

「我喜歡那排山倒海的憂傷。夜幕後，就可以回去做我們失落的繁華夢，昔日的傳奇夢。」懷想過去，喚起回憶，就是「呼愁」的本質。

## 接近西方的東方之夢

　　跟伊斯坦布爾人一百五十年來的感受一樣，帕慕克時常陷入一連串模糊矛盾的想法之中：「來回擺蕩，時而由內、時而由外看城市，不完全屬於這個地方，卻也不完全是異鄉人。」歷史與地理位置的特殊性決定了伊斯坦布爾人這特有的「歸屬不定感」。他們的一生都在做著這樣的天問：哪裡是我的家，我的街道，我在世界上的位置？

　　往東看，往西看，伊斯坦布爾人赤裸裸地暴露於歐亞的共同注視之下。他們平凡生活裡的任何一次意見或決定，都是一次立場表明的考驗：或東方或西方。往前看，往後看，他們背負著怎

樣輝煌的過去和要直面怎樣不堪的現世，即便可以忘卻拜占庭的千年偉業，而奧斯曼帝國的烙印似乎揮也揮不去。伊斯坦布爾人生活在這人生籤牌分派給他們的國家和城市裡，被動地接受著命運的安排，他們知道，爭論毫無意義。

帕慕克也有過這種掙扎：「我有時認為自己不幸生在一個衰老貧困的城市，堙沒在帝國遺跡的餘燼中。但我內心的某個聲音總堅信這其實是件幸運的事。」「我慢慢懂得，我愛伊斯坦布爾，在於她的廢墟，她的呼愁，她曾經擁有而後失去的榮耀。」

不同於那四位孤獨憂傷的伊斯坦布爾作家徘徊游走於東西方之間的朦朧地帶，帕慕克的心始終根植於伊斯坦布爾這塊土地，他的靈魂早已注入了城市的角角落落，如今仍住在其中。作為掌握著這城市「祕密」的人，他滿腔熱情地追蹤與城市相關的所有一切，從殘骸廢墟中汲取力量，努力塑造一個接近西方的東方之夢——於是我們看到了這個從西方世界擷取到好處的伊斯坦布爾，同時也看到了那個保留東方完美形象的伊斯坦布爾。這，就是帕慕克及他城市的回憶。

# 展出一個城市的靈魂
## ——紀錄片《伊斯坦布爾收藏》觀後

# The Soul of a City Unveiled:
## Watching "Istanbul Collecting"

　　蒙特利爾國際藝術電影節（FIFA）還是相當有影響力的。今年來自德國的紀錄片《伊斯坦布爾收藏》（*Istanbul Collecting*）便將其首映式選擇在這裡舉行。

　　導演還是一位非常年輕的姑娘，像一個青澀的大學生，謙卑羞怯。可她這部處女作並不青澀，她獨特的選材首先就為影片賦予了深度和可觀性——因為這是關於諾貝爾文學獎獲得者、土耳其著名作家奧爾汗‧帕穆克（Orhan Pamuk）和他興建的「純真博物館」的故事。

　　世界上很多偉大的城市都有偉大的作家書寫著它們的靈魂和故事：巴黎有雨果，布拉格有卡夫卡，都柏林有喬伊絲，而伊斯坦布爾則有奧爾汗‧帕穆克。讀他的《伊斯坦布爾：一座城市的

記憶》時，我就能從帕慕克不厭其煩的細膩筆觸裡感知他對自己賴以生存的那座城市的深深熱愛。城市裡的任何一處景觀，無限可能的生活場景，日常使用的平凡物件，都是他密切關注且投入無限深情的。

他收集老舊報章，各種票據，各樣能反映時代變遷的佐證，從這裡窺視自己城市日漸消逝的靈魂。他對舊時物件有一種癖好，彷彿那些用品都有生命，而當他收集擁有那些東西，便似能夠借助它們返回時光隧道，隨意地在過去與現實之間自如穿行。

我自己也是一個愛淘舊貨的人，並為此專門寫了一篇文章來記錄與它們相遇的經過。三毛亦是同道中人，她更進一步，專門為她的淘品寫了一本書：《我的寶貝》。而帕慕克則更甚，他居然為自己淘來的那些收藏專門構思了一部長篇小說，在寫小說的同時還根據小說的情節構思了一間博物館，專門展出他長年累月淘來的舊貨，而那些舊貨又「正好」是他小說主人公曾使用過的物品，是男女主人公三千多個日子裡的「愛情證據」。

小說與博物館同名，叫做《純真博物館》（*The Museum of Innocence*，上海人民出版社）。這樣一部四十多萬字的長篇，講的其實是一個非常簡單的愛情故事：男主人公凱末爾在訂婚前愛上了遠房親戚芙頌，他們瘋狂性愛了一個多月後，芙頌在凱末爾訂婚之夜失蹤。在之後的八年時間裡，凱末爾取消了婚約，尋找芙頌，默默地守在結了婚的芙頌和她丈夫身邊。為了在靈魂裡與愛人長相守，凱末爾不停地從芙頌婚後的家中「偷走」各種她用過的物件：頂針、髮卡、煙灰缸、紙牌、鑰匙，甚至是煙頭⋯⋯

他會將這些物件帶回曾經與芙頌約會的那個房間，用手撫摸、以唇觸及這些沾染了芙頌指紋、體溫、氣味或汗漬的小東西，摟著它們躺在他們曾經做愛的床上，一邊回憶一邊入夢，只有這樣才能稍微緩解一下他對她無限思念的痛苦。隨著從她家「偷來」的東西越來越多，漸漸地他萌生出一個想法，就是要建造一座博物館，展出印刻著他們純潔愛情的物件，讓前來參觀的人們也能夠體會到他們刻骨銘心的愛情。

帕慕克本打算是邊寫小說邊建博物館的，可惜在二○○八年小說出版時，博物館還僅僅是他腦海中的一個構思。二○○九年他在德國尋找興建博物館的建築師和設計展覽的工作人員，於是我們這部文獻片的導演Johanna Sunder-Plassmann便有幸加入了「純真博物館」的建設隊伍。從構思，到圖紙，到籌集、分類、選取展品，再到上架展示，配上燈光和文字……Johanna待在伊斯坦布爾，與帕慕克一起工作了三年的時間。

她本身是學傳媒藝術的大學生，構思拍這部電影還是她投入建設博物館工作後靈機一動的想法，正好以此片作為她在德國科隆傳媒藝術學院（The Academy of Media Arts Cologne）的研究生畢業作品。好在她及時記錄了純真博物館從無到有的整個興建過程，使得這部小說的忠實讀者得以從另一個角度再次深刻體會一遍那個綿長的、純真的愛情故事。

影片的開頭是一個中年人拎著一串鑰匙，昏暗中穿過一堵堵古老的石牆，一瘸一拐攀過破舊的石階，直至來到屋頂打開一扇天窗，頓時，陽光萬丈，天地一片開闊。中年人站在建築物的天

頂，以腳下為支點，將身子旋轉三百六十度，向全世界的觀眾介紹著大伊斯坦布爾。順著他手指的方向，我的目光越過那些鱗次櫛比的建築物，彷彿穿越時空，看到了博斯普魯斯海峽，看到了黑海；看到了她的歐洲部分，和她的亞洲部分；看到了她的拜占庭時期，還有她的奧斯曼時期；時空交錯中我看到了這個古城的千年風貌！後來在對Johanna進行採訪時，跟她說起影片這個開頭讓我印象深刻，使我一下子彷彿置身於世界的中心。她說是的，伊斯坦布爾那些賣舊貨的收藏家們也是這麼說。

純真博物館內共有上萬件展品，除了帕慕克本人的一些收藏外，工作人員還要深入伊斯坦布爾的大街小巷，去那些二手市場裡繼續淘所需展品。Johanna因而得以有機會接觸那些以買賣各類古舊物件為生的「收藏家們」。在向他們採買舊貨時，Johanna也把與他們的交談拍攝進了電影裡。那是些生活在破敗的古街窄巷之中，藏身於布滿灰塵的舊物件、故紙堆裡的另類，他們是舊時代的縮影，思緒還停留在伊斯坦布爾作為世界地緣政治中心的輝煌裡。如今當面對著滿目的廢墟與瘡痍，他們的眼睛裡、神情中是揮之不盡的「呼愁」。於是他們把對奧斯曼帝國輝煌偉績的懷念和追憶寄情於那些被廢棄的古舊物品，在廢品堆裡那空虛的心靈得以充實和滿足。當越來越多的廢品被他們撿拾回來堆滿了居住空間後，那些自憐自戀的收藏家們最大的夢想就是能夠擁有一間屬於自己的博物館，有充分的空間來擺放自己那些寶貝藏品。

從這個角度來說，帕慕克也是這群「收藏家」中的一員。不同的是，他擁有一間博物館的夢想，不單止是要自娛自樂，或與

純真博物館中的物件（攝於純真博物館）

同好者分享，更是為擁有一個真實的所在，將能夠折射出一個城市、一段歷史時期的物品聚在一塊，集中向公眾展示，而這種行為，本身便是保存城市記憶的一種珍貴方式。

　　其實在讀帕慕克的《伊斯坦布爾：一座城市的記憶》時，我便從他描述的伊斯坦布爾人集體的呼愁中窺探到了他對帝國殘陽餘暉的無盡留戀。作為一名作家，帕慕克是幸運的，生活在這樣充滿著無限糾結與矛盾的地方，使他擁有了無限深刻和廣泛的創作題材：縱向有千年拜占庭、五百年奧斯曼歷史做經線；橫看

有基督教、伊斯蘭教和西方民主思想做緯線。向東看有黑海有亞細亞；向西看有地中海有歐羅巴。向內看是缺乏自信的憂傷和惆悵；向外看是西方日漸消失的關注目光。

　　而同時，作為一名知識份子的他，也是負責任和富有強烈社會責任感的！在其他國人紛紛崇西媚歐時，只有他把腳步深深地紮根在伊斯坦布爾，把心把眼睛對準了廢墟中的殘垣敗瓦。以他嫡出貴族生活優渥的身分，還能夠那樣真情意切、細緻入微地描述伊斯坦布爾下層人民的生活情景，那只能是因為他肯、也願意把自己置身於那樣的生活當中，作為他們中的一份子扎扎實實地體驗真正的普通城市生活。

　　其實平凡家庭的日常生活就是整個社會風貌的完整縮影。隨著時間的流逝，一代代人最終會歸土而逝，可他們生活中的用品，甚至居住過的房屋，便成了瞭解他們真實生活的最好見證！為了將這些平凡生活的見證更好地呈現給大眾，帕慕克居然想出了用一部愛情小說，及一間純真博物館來完美地實現他的夢想！他真是一個太聰明太有智慧的作家！

　　所以前來純真博物館的參觀者們會被建議帶上這本小說同往，邊看展品邊翻回書頁裡對它的描述，將有助於更好地理解男主人公想通過這件物品寄予什麼情思和願望。比如書中第五十八章第三百四十四頁中這樣寫道：

　　　　物件的力量，以及沉澱在其中的回憶，當然也取決於我們
　　　　的幻想力和記憶力的表現。別的時候我絕不會對它們感興

趣，甚至會覺得這些低俗的放在籃子裡的埃迪爾內肥皂，用肥皂做的葡萄、木梨、杏子和草莓，因為成為了遊戲的獎品，才會讓我想起除夕夜感到的深切安寧和幸福；我在凱斯金家餐桌上度過的那些神奇時光是我人生中最美好的時光；我們人生那慢慢流淌的溫和的音符。但我真誠而樸實地相信，這些情感不單單屬於我，多年後見到這些物件的博物館參觀者們也會有同樣的感受……為了給我的這個信念再舉一個例子，我在這裡展出那些年除夕夜開獎的新年特別彩票。

這種將虛構小說與真實博物館相結合的構思是空前的，更是魔幻的。帕慕克便正是將這夢想照進現實的第一人！

Johanna告訴我，這間真正的博物館位處伊斯坦布爾不太富裕的街區，那裡住著工人、貧窮的希臘人，還有紅燈區，帕慕克在一九九〇年買下這房產時價格還非常便宜。而如今博物館開張後（二〇一二年開張），吸引了來自土耳其和世界各地的參觀者絡繹拜訪，這裡儼然已經成了伊斯坦布爾一個新開發的旅遊景點，因而連帶著整條街區的房產價格也跟著上升了。

為了純真博物館，Johanna在土耳其生活了三年。在他們的工作團隊裡，有來自德國的藝術家，也有土耳其本土的大學生。他們熟悉小說《純真博物館》四十多萬字、八十三個章節中的每一個細節，因為真正的博物館就是按照小說中的章節來布置成八十三個展區的。在這部電影裡我們看到一些布展細節：他們先

是在電腦上將陳列方式繪製好，然後對比著電腦圖示來將實物擺上展架。Johanna說帕慕克是一個極其嚴謹的人，工作人員花了很多時間做的陳列如果不令他滿意，他定會叫大家推倒重來，一遍又一遍，從不厭其煩。看他的小說我們也能推斷出他這種追求完美的性格，他對細節的描寫簡直到了叫讀者讀到快窒息的地步，就像帕慕克喜歡的普魯斯特一樣！Johanna也證實，說看到他的手稿（他從來不在電腦上打字，而是用筆親手書寫他的小說），是用學生使用的那種帶橫條的筆記本，上面有好多顏色，每一遍的書寫和修改都用不同的顏色顯示（用藍色寫第一遍，然後用紅色改一遍，用灰色再改一遍……）。我笑說這使我想起貝多芬的手稿上往往有十幾遍的修改痕跡，而莫札特的譜子卻總是乾乾淨淨一氣呵成。Johanna說：那帕慕克就是文學界的貝多芬！

作者與紀錄片Istanbul Collecting的導演Johanna在一起

由於在小說的最後，男主人公凱末爾邀請真實的作家帕慕克為他寫下他的愛情故事，所以帕慕克本人便順理成章地進入了小說裡頭。因而在純真博物館裡，他們亦展出了帕慕克這本小說的親筆手稿，他用過的空墨水瓶，及以各種語言文字出版的小說版本。

在博物館的眾多展品中，最引人矚目的便是入口處那滿牆懸吊的煙頭。那是小說中女主人公芙頌吸過的四千多個煙頭，而在布展時則是由Johanna她們戴著防毒面具將一只只香煙點燃慢慢燒制的。在影片裡我們看到帕慕克本人親自在每一隻煙頭底下，用小字認真書寫著芙頌吸那根煙時的準確日期。

對應著小說八十三個章節的八十三個展區，陳列著的是一個普通的伊斯坦布爾人家庭生活的全部用品。這個故事是發生

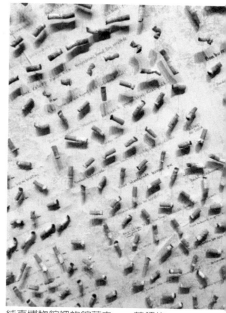

純真博物館裡的館藏之一：芙頌的煙頭（攝於純真博物館）

伊斯坦布爾的陋巷中，坐落著「純真博物館」（裡面右側紅色樓房）

在上世紀七十到八十年代的，所以展品都是那個時代的陳舊物件。帕慕克其實是在做了多年的收藏者、走訪了全世界上千個博物館後，萌發了建造一個關於伊斯坦布爾生活博物館的想法。如今，通過他天才的創意，人們在世界各地讀到了他的小說，然後帶著極大的興趣捧著書來到伊斯坦布爾的純真博物館，深入瞭解幾十年前這座城市的居民生活，從而使他們更準確更真實地感受到這個城市的靈魂。我覺得這個舉措本身就是一個有著強烈社會責任感的知識份子的大膽實踐。而如今，除了小說，除了這博物館，又有一部關於它的傳記電影問世了，相信通過這些不同種類媒體的宣傳介紹，會令更多人對今天的伊斯坦布爾、帕慕克最深愛的這座城市產生興趣並意欲前往。

她說連帕慕克本人都沒看過這電影呢，因為她想明年四月份回伊斯坦布爾時陪他一起看。我衷心感謝Johanna將蒙特利爾作為她這部優秀作品的首發地，她說：蒙特利爾是個很年輕很藝術的城市，很多歐洲人都嚮往來到這裡呢！

# 純真的和感傷的愛情
## ——讀奧爾汗・帕穆克小説《純真博物館》
# Love: Innocent and Sentimental

　　每當帕慕克（奧爾汗・帕穆克：土耳其作家，二〇〇六年諾貝爾文學獎獲得者）寫一篇新的小說，讀者就會說這是他的半自傳體。《伊斯坦布爾——一座城市的記憶》是，這部《純真博物館》也是。不管小說裡有多少情節來自他的實際生活，至少當一個作家在用心、用情去認真地描寫一個故事時，裡面無論如何都滲透著他的真摯情感，他自己的喜好與價值觀念。

　　這是一部愛情小說，這個令很多人傷心和絕望的主題，他居然還能用上十年的時間，寫出五百多頁，直到將愛情寫盡了，寫透了，寫得細緻入微，寫得盡致淋漓。猜想他寫完最後一句話擱筆的一刹，也許是一種鞠躬盡瘁蠟炬成灰後的疲憊和癱軟——寫那樣叫人灰心的題目，需要多少勇氣，多少真誠，同時又需要多少天真樂觀的熾烈情懷！真是叫人深深佩服！

各種文字版本的《純真博物館》
（攝於純真博物館）

　　這是一個得而復失的愛情，這是一段沒有指望的單戀，這是窮盡一生來紀悼的令人唏噓的感傷故事。全篇一開頭就說：

　　　　那是我一生中最幸福的時刻，而我卻不知道。如果知道，
　　　　我是絕不會錯失那份幸福的。

　　可見，男主人公是在悔恨與痛苦交織的情緒中向我們講述他的愛情故事的。

小說的封底有一段話，算作一個故事梗概吧：

　　與芙頌相戀的那一個半月差兩天，我們共做愛四十四次。從芙頌消失那天算起，三百三十九天後，我終於再次見到了她。這之後的整整七年十個月，我為了看芙頌，吃晚飯去了楚庫爾主麻。其間一共是二千八百六十四天，四百零九個星期，去了他們家一千五百九十三次。在我去芙頌家吃晚飯的八年時間裡，我積攢了芙頌的四千二百一十三個煙頭。我愛芙頌，也愛她愛過的，甚至是觸碰過的一切。我悉數收集起那些鹽瓶、小狗擺設、頂針、筆、髮卡、煙灰缸、耳墜、紙牌、鑰匙、扇子、香水瓶、手帕、胸針等等，將它們放入自己的博物館。

　　我建成了一座「純真博物館」。這裡就是我的家，能依戀著這些浸透了深切情感和記憶的物件入眠，還有什麼比這更美好的呢？「純真博物館」中所有物件的故事，就是我對芙頌的愛情故事。

　　這些數字對應著時間軸上的一個個點，就像文中反復引用的亞里斯多德的那句話：時間就是那條把一個接一個時刻連在一起的直線。而這直線就是人的一生。對某些人來說，也許整條直線毫無意義，但那具體的一個個時刻，有時卻「能夠給與足夠享用一個世紀的幸福。」整部小說四十多萬字，描述的就是男主人公經歷過的那些令他既痛苦又「足夠享用一個世紀幸福」的愛情時刻。

富家子弟凱末爾與遠房窮親戚芙頌的愛情，始於年輕男女生理上互相吸引的性愛。他們一個多月的瘋狂之後，凱末爾如期與同是富貴人家的未婚妻訂婚。失去貞操的芙頌（在一九七〇年代的土耳其女性婚前的貞操觀念還十分強烈）受不了這個打擊於是選擇離開，從此在凱末爾的生活中徹底消失了。失去了芙頌的凱末爾方知道自己對芙頌的愛情是那樣深厚不可自拔。他毀了婚約，從此在芙頌曾經生活過的貧民區裡遊蕩，尋找她的影子。一年後芙頌出現了，原來是為了給做導演的窮丈夫拉投資從而接近凱末爾，不管什麼原因，能夠見到芙頌就是凱末爾最終極的生命意義。從此他有正當的理由出入芙頌的家，而為了緩解見不到她時的痛苦和思念，他開始從她的家裡一件件地「偷」東西，只要那些物件與芙頌相關聯，他就可以倚賴那些小物品，通過看、摸、聞、舔，來遙寄對愛人的思念。而當他「偷」來的東西越來越多時，他便萌生了一個想法：建立一間博物館，展出所有飽含他愛情印記的物品，從而將這份最純真最刻骨銘心的愛情以實體的方式得以保存世間，永恆不朽。

　　其實這本是一個情節極其簡單，甚至有點老套的愛情故事，基本上就是男主人公九年裡癡情單戀的一段記述。如果按照好萊塢劇本的編劇原則，裡面既少有跌宕起伏的攝人情節，也缺乏每幾個章節中間必有的高潮部分。熟悉帕慕克的讀者會知道，他不是那種山呼吶喊的人，他的文字就似他喜愛的細密畫一樣，是絲絲縷縷綿綿密密的，他描述的都是一些瑣碎的不起眼的生活情境，細讀每一章節時，感覺沒有什麼大不了的事情在發生，而如

果順著他的思路一路讀下去，將那些點點滴滴的生活片段串聯在一起再回頭細想，一幅宏觀的人生畫卷竟生動地舒展開來。所以讀他的書，要像欣賞印象派繪畫一樣，不能緊盯著某一個局部，要退後遠觀，方能真切地領悟到那畫作的真諦。

他不太寫曲折的故事情節，而是強調愛情的力量，它的衝擊力和破壞力。明明一個無憂無慮的上流社會子弟，生活優渥，前途燦爛，可自從遇見了十八歲漂亮的芙頌，他整個的人生軌跡就轉向了。失戀的痛苦折磨著他就似得了愛情癆病一般，精神狀態每況愈下，直至疾入骨髓，病入膏肓。帕慕克耐著性子給我們細述的就是凱末爾的這些愛情之症：

芙頌失蹤以後，為了避免睹物傷情，凱末爾在腦海裡制定了一張地圖，將和芙頌那段短暫關係有關的街道和地方塗上各種顏色。塗紅色的地方意味著嚴禁自己走進。塗橙色的一些地方，「如果非去不可，如果沒喝酒，在跑著去和立刻離開的情況下，可以進去。」而在那些黃色的街道上他必須小心，因為那裡「充滿了許多加深我痛苦的危險回憶和陷阱。」

當他神不守舍地在大街小巷晃蕩漫遊時，偶而因為是「看著遠方、若有所思走路時遇見了她的幽靈」，為了能再見到她的幽靈，凱末爾從此就「看著遠方、若有所思地走路」。

當思念的痛苦導致了凱末爾生理的痛苦：腹部開始疼痛，他終於還是「走進了一段時間以來成功遠離的橙色街道」。站在空空如也、芙頌曾經生活了十八年的房間裡，凱末爾帶著愛戀把芙頌留在這些房間裡的氣味，她的影子，使她成為芙頌的這個家的

布局——鐫刻在了腦海裡。「一面牆上貼著牆紙，我從邊上撕下一大塊帶在了身邊。有個房間我認為是芙頌的，我把那個房間的門把手也裝進了口袋，因為這個門把手她摸了十八年。」

凱末爾知道自己的愛情之症愈發嚴重，他也試圖自治，各種方法想盡可終歸徒勞。思念之痛就如螻蟻爬滿全身，噬咬著他，欲罷不能，揮之不盡。後來他乾脆自甘墮落下去，每星期四次躲回到曾經與芙頌做愛的房間，把玩著芙頌曾經觸摸過的那些東西，「讓它們接觸到我的脖子、肩膀、袒露的胸膛和肚子，這些物件把沉澱在其中的許多記憶，帶著一種安慰的力量釋放到了我的靈魂裡。」

「細節」是帕慕克強調且重視的，在《伊斯坦布爾——一座城市的記憶》中，他就說「細節決定了城市的性格」。他用一件件小事，一點點小心思，用很多微妙變化的小情節，寫男主人公切膚的愛情之痛，直寫得「去到最遠」（普魯斯特說：allons plus loin我得走得更遠些）。就好像普魯斯特寫對吉爾貝特的思念（《追憶似水年華》第二卷〈在少女花影下〉），寫斯萬的嫉妒（《追憶似水年華》第一卷〈在斯萬家那邊〉），動輒用百十來頁反復寫那些微妙的心理變化，而極少具體故事情節的描繪。帕慕克寫小說也是，將男主人公的心理剖析得細而又微，讓讀者的心情也不禁跟著患得患失，沒著沒落，甚至鬱悶窒息呼吸不暢。當說到凱末爾去婚後的芙頌家做客，為盡可能多待在愛人身邊一分一秒，他像列公式一樣用了九條理由為自己辯護那「無論如何就是無法起身離開她家的羞慚」。那些理由都是平凡人會有的平

凡心思，每一條都沒有什麼特別之處，而當它們同時都發生在一個人身上時卻又有點荒唐可笑。可就是這些稍稍偏離常理的小荒唐，立體全面地塑造出了一個患著嚴重愛情之疾的人最「正常」的表現。

雖然整個故事是虛構的，可那些支撐故事的細節又仿似相當真實可靠，以致讀者很容易就被帶入，跟著男主人公一起掉進那愛情之傷的陷阱裡，不能自拔。在他的《天真的和感傷的小說家》裡，帕慕克曾說過：小說真正的魅力核心，就是真實與虛構之間的矛盾糾纏。好的小說應同時具備不經雕琢的天真，和反復思量的感傷。帕慕克就正是這樣創作著他的小說：「利用小說裡面的所有素材為自己經營另外一個人生，讓自己好像很真實地過著另一個人的生活，進入另一個世界一樣，因此他當然暗自裡會渴望這個世界是真實的，真實到要讓讀者都能夠相信他是真實的為止。」

《純真博物館》寫的是一段單純的愛情心路，因為是失戀，因為是單戀，所以間中夾雜著無可奈何的淡淡憂傷。寫這樣抽象的愛情之痛，帕慕克在小說中是借助一些不起眼的小物件來表達的。男主人公凱末爾發明瞭最適合撫慰自己傷痛的法子，就是收集芙頌的用品，帶回家來把玩自慰。為了能夠把自己的愛情之傷講述得更真實更立體，凱末爾甚至打算籌建一間博物館，展出那些承載著他純潔愛情的物件，以最直接了當的方式呈現給世人。借助物件這個載體來表達愛情，是帕慕克精心設計編排的。他說文字只能夠講述（Saying），而物件卻能夠展示（Showing）。男

主人公一邊講述他的愛情故事，一邊在博物館裡展示有愛情印記的物件，這兩廂加在一起，便全面周到地把他那純真的感傷的愛情歷程真實地復原了。

除了普魯斯特，我很少讀到哪位作家像帕慕克這樣對物件如此著迷的。帕慕克說他年輕時讀到歐洲小說中關於物品的描述總會感到很迷惑，因為他不熟悉那些烘托小說背景的「道具」，因而也不能夠很好地理解小說要表達的含義。在《純真博物館》這本小說裡，我們可見帕慕克精心安排著一個個物件的出場，又有理有據天衣無縫地告訴我們這些物件代表著愛情的哪個階段和寓意著哪種情緒。實際上，小說的許多情節本身就是根據帕慕克本人收藏的一些現成物品來編排的，寫這部小說時帕慕克又在著手策劃興建一座真正的博物館：純真博物館，來對應小說中的一些情節。純真博物館裡需要更多的展品，於是帕慕克一邊尋找新的物件，一邊又將這些新藏品再次寫進小說裡。

為了強調這些物件的重要性，小說的男主人公凱末爾被塑造成了一個以一種毀滅性的形式墜入愛河、有著「戀物癖」的癡心漢子。他的相思太強烈太濃厚，一般世俗的消遣，「正常人」用以療傷的那些法子對他都不適用。只有那些曾經為芙頌服務過、塑造過她的生活用品，零碎物件，才可以稍微慰撫一下他的愛情之傷。所以我們時不時就讀到凱末爾又跑回與芙頌曾經約會的地方，去把玩撫摸那些芙頌用過的東西了。而他自己也知道這是一種病態，變態，「把玩她的物件讓我看不起自己」，可他也認為自己反正是無可救藥的了，只能用這種「更加偏執的形式想她，

用物件給予的幸福打發時間」。

那都是些什麼樣的物件呢？「帶著幸福回憶而閃閃發光的魔幻般的」核桃夾；芙頌「放在嘴裡玩了很久」的錫勺；「我們在露天電影院裡看了五十多部電影」的門票；碰過芙頌嘴唇的空梅爾泰姆汽水瓶；每個中產階級家庭的展示櫃裡都會展出的鸚鵡眼睛小花瓶、舊表、純銀的打不著火的打火機；一九七九年十一月八日《晚報》中娛樂專欄上一篇文章的剪報；被芙頌嘴唇吸過被手掐滅的4213個煙頭；芙頌穿過的藍色比基尼；七十年代的電影海報……

這些載滿著消逝的過去的珍貴物件，把沉澱在其中的許多記憶，帶著一種安撫的力量釋放到了這個被愛情之傷折磨得執拗又自閉的男人的靈魂裡。

如今，這些安撫了凱末爾的小物件正展示在土耳其的「純真博物館」裡。帕慕克精心籌備的這個博物館已於二〇一二年正式開張，每天迎接著來自全世界、手捧著小說《純真博物館》的讀者們。在這裡人們不僅看到了書中描述的種種物件，其實從中更是瞭解到了上世紀七十年代土耳其民眾的生活狀況。就像小說中講到的：物件不是屬於每個個人的，而彷彿是屬於整個家庭和社會的。而像我們這些對帕慕克的家鄉不甚瞭解的外人，從博物館中真正窺到的卻可以是一整幅伊斯坦布爾生活的歷史畫卷。

坐落在伊斯坦布爾市內的「純真博物館」，憑《純真博物館》小說裡附帶的門票可免費進場參觀

# 到百老匯看音樂劇
# Enjoying Musicals on Broadway

　　曾經有一回，我在紐約一口氣住了十一個晚上，就在曼哈頓的正中心——時代廣場的時代酒店。酒店位於四十九街和第七大道之間，百老匯的最中心區。這個地點意味著，我出門去看場百老匯的音樂劇，簡直就像去路口士多店打個醬油那般容易簡單！

　　酒店正對著的就是一家戲院，常年上演著著名的音樂劇《芝加哥》（*Chicago*）。酒店的左手邊緊鄰著另一家戲院，正上映著當年獲得九項Tony獎的《摩門經》（*The Book of Mormon*）。Tony獎被視為美國話劇和音樂劇的最高獎項，獲提名劇碼均為在百老匯各劇院演出的音樂劇。每次走過這家劇院的門前，我都要小心翼翼側著身子踮著腳尖，因為那門口坐滿、睡滿了熬夜排隊買票的戲迷們。看來百老匯的音樂劇不只牆外開花聚焦著全世界的眼光，在這牆內也深深牽絆著New Yorker紐約客們的心！

　　興奮地跟紐約的律師朋友憧憬著必看的百老匯經典劇碼，他卻勸我們不妨去看看外百老匯的Show。原來這百老匯有五十多

家戲院，常年上映著舉世聞名的經典大戲；而在外百老匯（Off Broadway，指在百老匯以外紐約其他地區）更有百十多家劇院，那裡則是觀賞一些小眾的或先鋒的或實驗性的最新劇碼的聚集地。熱愛藝術的紐約客不跟那些慕名而來的遊客們擠在百老匯，而是更願意到外百老匯的小劇場去欣賞真正藝術性的演出。

我卻不能免俗，畢竟我是遊客一枚。曾經在很久以前，在東方在亞洲時就無限憧憬著的那些如雷貫耳的音樂劇碼，如今就真真切切地晃動在眼前。走在時代廣場，感覺那鋪天蓋地的平面的立體的看板中，有一半都是在宣傳音樂劇的：哦，《歌劇魅影》；哇，《媽媽咪呀！》；Oui，《芝加哥》；Yes，《雨中曲》！如我這般來自世界各地亢奮著的遊客們置身其中，簡直無所適從、手足無措，乾脆直接跌倒迷失在音樂劇的包圍之中。

在紐約，我們把音樂劇當作一項旅遊產品來消費。

百老匯早已對世界各地的遊客進行過經久的培訓了。慕名而來的觀眾怎麼也會哼唱幾句著名音樂劇中的旋律吧：像《乞丐與蕩婦》（Porgy and Bess）中的Summer Time，或《媽媽咪呀》（Mamam Mia!）中的Dancing Queen，又或是《西城故事》（West Side Story）裡的Tonight，再不濟也會哼兩句《貓》（Cats）裡面的Memory吧……音樂劇不同於話劇，它比話劇多了歌舞；不同於舞劇，它又比舞劇多了說唱；更不同於歌劇，因為它演唱的同時還又說又跳……它是百老匯流行起來的歌舞劇Musicals，是音樂、歌曲、舞蹈和對白相結合的戲劇表演，而歸根結底，音樂才是它的靈魂和主線！朗朗上口的旋律容易傳承，人們往往就是因為一

首歌而記住了一部劇，就像我每次唱起*Memory*，眼前就會晃動著那些貓臉。記得二〇〇四年看*American Idol*，那個後來奪冠的黑人女孩Fantasia比賽期間兩度演唱*Summer Time*，每次都是赤腳坐在地上，藏起姿勢，藏起裝扮，只用靈魂演繹，把這首爵士樂歌曲的憂鬱心酸淋漓盡致地表達出來，直唱得評委也淚眼汪汪。因為記住了這首歌，我才瞭解到原來它出自一部叫做《波吉與貝絲》的音樂劇——史上第一部黑人爵士樂的歌劇。

時代廣場上醒目地矗立著一個大型折扣售票亭TKTS，電子版上顯示著當天百老匯和外百老匯各色劇碼的折扣價格，遊客們直接在這排隊買票，簡單方便。我花了八十美金，即六折的價格買了一張當晚《歌劇魅影》（*The Phantom of the Opera*）的票。

百老匯音樂劇的名聲在外，除了那些耳熟能詳的歌曲選段外，有些劇則是以同名電影、小說先聲奪人，改編成音樂劇後自然省卻不少宣傳的氣力，能夠輕易聞名。對這部《歌劇魅影》，我在思想上的準備鋪墊可真是不少：在中國時，我便老早就看過這部音樂劇電影；在法國時，又探訪了這故事發生地的巴黎加尼葉歌劇院；在加拿大，我開著車聽著它的CD，對劇裡那些優美的選段可謂耳熟能詳：*Phantom of the Opera, The Music of the Night, Think of Me, Angel of Music,*……因其是偉大作曲家韋伯的作品，我還連帶著將他的又一力作《貓》也瞭解了一番。（世界四大音樂劇中，韋伯的作品就占了兩席：《歌劇魅影》和《貓》，另兩部為《西貢小姐》與《悲慘世界》。）

以時代廣場為中心向四周輻射的一公里內，音樂廳如商鋪林

立，那些看似又老又舊又小的戲院，每家都有自己的經典劇碼在上映，劇場只要有一部舉世矚目的鎮店之寶，那麼就可以坐吃幾十年老本了。在四十四街的這家Majestic戲院，鎮店之寶就是百老匯史上上演時間最長的歌舞劇（從一九八八年首映至今）：《歌劇魅影》。

這部史上超強悍、骨灰級的歌舞劇原來竟是在這樣小的劇場裡揚名全球的！Majestic好小啊，我數了數，也就一千六百多個座位吧，可在百老匯，據說它還算是大型劇場呢。坐在小劇場裡的好處是，觀眾與舞臺親密無間，置身其中全情投入，在演出的兩三個小時內臺上臺下融為一體不忘彼此。音樂劇裡像《歌劇魅影》這樣的大製作為數不多：首先它有一個好劇本，改編自蓋斯東‧勒魯（Gaston Leroux，1868-1927）的驚險小說《歌劇幽靈》；舞臺布景亦可謂大手筆，將空曠驚秫的加尼葉歌劇院逼真地再現於寸方的舞臺之上；而最令它揚名萬方的還是其優秀的音樂！英國音樂劇作曲家韋伯（Andrew Lloyd Webber）可謂當代音樂劇之父，也許大眾不太熟悉他的音樂劇碼，可他創作的那些膾炙人口的歌曲可以說是無人不曉：*Don't Cry for me Argentina, I Don't Know How to Love Him, Memory*等。三次Tony獎、三次葛萊美獎、一次奧斯卡獎、一次艾美獎……單只這些獎項也可以從側面說明些問題吧。韋伯在創作《歌劇魅影》時，女主角克麗絲汀的音樂部分則是根據莎拉‧布萊曼的音域設計的，而出演了此劇後莎拉也一夜成名，並且還因此成就了她與韋伯的一段姻緣。

音樂劇不比電影電視，沒有NG，演員們每一場都是實打實

地全情表演下來。我們期待看到不同演員對同一角色的迴異演繹，即便是同一個演員每天的表演也不盡相同。劇場裡的每個瞬間都是無法複製的，想要鑒證那個瞬間，除了坐在劇場裡外別無他法。

雖然此前也看過這電影，欣賞過其音樂，但置身現場的感覺還是不同，整個人被這濃重的氣氛感染著，不由自主地進入劇情跟著徘徊於現實與虛幻之間，不能自拔。舞臺表演的魅力就在於現場的同步感，我的心隨著劇情的發展也一直懸而未定，情緒亦沉湎於男主角的善良與專橫，體貼與霸道，矛盾糾結不能自拔的悲情與無助裡面，悲傷著他的悲傷，感動著他的感動，甚至也跟著蹙眉，甚至也跟著歎息。當然，我更是沖著那些早已熟悉的音樂旋律去的。每當現場響起那些音樂選段，那些從前我只能透過音響、通過螢幕來欣賞，無的放矢展開我的想像的音樂，現在就通過舞臺上這些具體的人、物、光、影活生生地顯現了，這抽象變具象，幻象成現實的轉換給我的心靈帶來不小的刺激和撞擊。感動於是產生。

一場表演看下來，我的收穫是全方位的：在同一個晚上，我聆聽了一場演唱會，觀賞了一場舞蹈表演，傾聽了一場管弦樂隊的演出，欣賞了一部音效光影舞臺布景俱佳的話劇表演。綜合多樣的藝術形式，立體逼真的現場感，我想，也許這正是音樂劇這種藝術形式吸引人的很重要的原因之一吧。

雖然只面對著一千多名觀眾，可舞臺上的演員們每一場都在全情投入，勉力而為。就這麼一場一場踏踏實實地演下來，到二

〇一二年二月份，《歌劇魅影》已經在百老匯演出了十萬場次！

　　一部音樂劇的演出，是一個團隊整體協作的成果。置身其中不同角色的人有著不同的心情體會。對詞曲作者來說，他們的參與可以說是一次性的工作，詞曲創作完畢後交給演出團隊就算大功告成。而對於演職人員來講，接受了一部劇碼的演出，就意味著把一個季節，一年，甚至幾年的光陰提前承諾了出去。而在演出的過程中，演員們是興奮的，因為每一場的表演都可以不同，每天的發揮都因當時的情緒、狀態甚至身體情況而有所變換。但對於一些欠缺發揮餘地的角色，比如樂隊，就是耐力與恒心的考驗了。樂手們每天機械地重複演奏相同的曲目，在固定的地方做著規定好的情緒處理，這對藝術家來說是萬萬不可忍受的。曾認識一個魁北克的小提琴手，在百老匯多部音樂劇的樂隊裡擔任演奏。他說：為了錢，我會去那邊（百老匯）工作二、三年，等賺夠了一段時間的生活費，我是一定要給自己放假的，修身養性，專心創作，否則我就成了沒有感情沒有靈魂的專業技師了。

　　住在曼哈頓的那些天裡，我共看了三場音樂劇。一次是以Will Call的形式，在酒店預訂，去現場取票，一百四十美金一張，後來比較起來我才知道這樣買票最貴。那次看的是*Anything Goes*一部自上世紀三十年代就在百老匯出演的經典劇碼，曾獲獎無數。這是一部我所理解的最經典的百老匯歌舞劇：演員們各個能歌善舞，唱功、樣貌、表演、舞技，每一樣單獨拿出來都是專業水準。想起我們國家原來的文工團演員好像就是這樣的，可惜現在卻再難找這麼全能型的人才了。故事也是以經典美式大團圓

結尾，全場觀眾看得都很開心並且滿意。還有一次是離開紐約最後那天下午，趁著還有兩個小時的空閒，就溜達到酒店對面去看《芝加哥》。剛巧趕在開演前最後一分鐘，花三十八元買了一張最便宜的票。進去一看，那是更古舊的小劇場，一共就十幾排座位，我坐在十來排的地方視線已經相當不錯了。

藝術與它所依賴存在的城市文化緊密相連，百老匯音樂劇其實折射著很強的紐約獨有的大熔爐文化特色。歌舞劇的音樂創作需要融合不同類型的流行音樂及配器，而紐約這個流行音樂的文化重鎮則為之提供了寶貴的多元化的音樂素材。不過在我看來，我更情願把百老匯的音樂劇劃歸到紐約市開發的旅遊產品，百老匯的大鱷們則是最成功的開發商，他們對音樂劇的投資是純粹的商業行為而非藝術行為。在他們嫻熟老道的商業運作下，音樂劇被打造成了紐約的城市名片之一，是一項Must Go的遊覽項目。既然這項旅遊產品是給來去匆匆的遊客們看的，那劇情一定要通俗易懂，老少鹹宜，就似好萊塢大片一樣，轟轟烈烈熱熱鬧鬧的，為空虛忙碌的現代人編織一個美好的成人童話，營造一個人人滿意皆大歡喜的大團圓幻像。

又及：由法國和加拿大聯合制作的音樂劇《巴黎聖母院》（*Notre-Dame de Paris*）於一九九八年在巴黎首演以來已經成為了世界音樂劇中的經典劇碼。第一男主角凱西莫多的扮演者為來自我們加拿大魁北克的Garou，他演唱的主題曲《美人》（*Belle*）優美動聽，被歌迷公選為法國近五十年來最佳歌曲。

時代廣場上的折扣票售票亭TKTS　　　　上演《歌劇魅影》的Majestic劇院

時代廣場上的音樂劇廣告鋪天蓋地

# 巴黎石板路上的Je t'aime
# "Je t'aime" Upon the Stone Pavement of Paris

　　關於巴黎，每一個人對他（法語中巴黎是陽性詞，故用「他」指代）的理解和印象與其他人的都不相同。巴黎是具象的、也是抽象的，是現實的、也是浪漫的，是一種客觀存在，也是一種精神狀態……有時，當我想起巴黎，思緒也並不繁亂，可能就是幾個人，幾件事，真實的虛幻的，恢弘的平凡的，統統重疊交織雜糅在這樣的一張明信片裡：雖然那人那事早已成了黑白記憶，但那句深深印刻在石板路上的Je t'aime（法語：我愛你）卻依舊歷歷清晰。

# 流動的盛宴 Je t'aime, moi aussi

　　巴黎是民族的，更是普世的，這個愛情之都一直不吝釋放他的魔力，吸引全世界的有情人在此見證他們的愛情誓言：Je t'aime。

　　美國來的海明威（Ernest Miller Hemingway，1899-1961）在巴黎的愛情就似一場流動的盛宴，盛宴的主角和他的妻子在那裡度過了四年最清苦樸素，卻又充滿青春歡樂的日子（上世紀二十年代，海明威以駐歐記者身分旅居巴黎）。那裡留下了他一生中最寶貴的愛情故事！寫作《流動的盛宴》時他已經離開巴黎近四十年了，當年盛宴的現場早已消失，唯有在記憶中追尋那段已在時光的透鏡裡失焦變形的朦朧往事。「這就是在巴黎的第一階段生活的結束。巴黎絕不會再跟她往昔一樣，儘管巴黎始終是巴黎，而你隨著她的改變而改變。」（注：海明威原文中用「她」指代巴黎）這深深的歎息發生在海明威結束自己生命的四年前。那時他身患重疾，記憶力喪失，身心均遭受著深深的創傷和摧殘。他肯定是意識到了自己已處暮年，或在心裡已開始預備著即將結束自己的生命。在這人生的最後時刻，還有什麼能令他動容、感懷不忘的呢？那一定是他一直珍藏心底，最柔軟、最不忍觸及的一段濕漉漉的黑白往事吧？於是他坐在古巴的觀景莊，面向東方，目光跳過茫茫大海，將思緒飛回到從前和彼岸，追憶起了那一段在巴黎度過的青春歲月。

那時他才二十二歲呀！渾身都是少年那種抒情的能力！在這最美的年華裡，他與第一任妻子哈德莉沉湎在巴黎這席流動的盛宴中，享受著純潔溫馨的愛情，開闢文學創作的新里程（他的成名作《太陽照常升起》就是在那段時間完成的）。那時的生活可真是清苦，倆人時常得忍餓挨餓，可雖窮卻精神富足。「我們吃的不錯而且便宜，我們喝得不錯而且便宜，我們睡得很好而且睡在一起很溫暖，相親相愛。」青春的純真加上艱苦的磨練，將兩顆心緊緊連接在一起：「我們絕不會愛任何其他人，只是彼此相愛。」那是他一生中真正的一段La vie en rose玫瑰人生。

　　海明威一生有過四次婚姻，相對於其他三次，第一段最為純潔，那時他無名無利，有的只是青春的理想和激情。他曾那樣愛著他的妻子，以至四十年後，在暮年時光裡，仍舊清晰地記得妻子的模樣：「等火車駛進車站時我又見到我的妻子，她站在鐵軌邊，我想我情願死去也不願除了她去愛任何別的人。她正在微笑，陽光照在她那被白雪和陽光曬黑的臉上，她體態美麗，她的頭髮在陽光下顯得紅中透著金黃色，那是整個冬天長成的，長得不成體統，卻很美觀。……這時我把她摟在懷裡，」「她說：『我愛你，我們（指她和兒子）都非常想念你。』」

　　這時他一定是這樣深情地回答妻子的：

　　「moi aussi（我也愛你）。」

　　可那脆弱的青春啊，是那樣容易消逝而不可靠。當有人（他的第二任妻子）「不知不覺地，天真無邪地，毫不留情地企圖與那丈夫（指海明威）結婚……而如果那丈夫運氣不好，又會愛上

她……」海明威一直把第一段婚姻的毀滅歸咎於第二任妻子的蓄謀,「一切真正邪惡的事都是從一種天真狀態中發生的。」

然而覆水難收。「我愛她,我並不愛任何別的女人,我們單獨在一起時度過的是美好的令人著迷的時光。但是等我們在暮春時分離開山間回到了巴黎,另外的那件事重新開始了(指與後來第二任妻子的婚外戀情)。」

海明威與哈德莉的純美愛情就這樣被他自己葬送了。懷揣著悔恨和遺憾離開了巴黎,回到了大洋彼岸的故鄉美國,在那裡用一生一世來祭奠那又愛又痛的巴黎愛情往事。巴黎,記下了他的最痛,也記下了他的最愛,沉澱之後,他悠悠地說:

「巴黎永遠沒有個完。我們總會回到那裡,不管我們是什麼人,她怎麼變,也不管你到達那兒有多困難或者多麼容易。巴黎永遠是值得你去的,不管你帶給了她什麼,你總會得到回報。不過這乃是我們還十分貧窮但也十分幸福的早年時代巴黎的情況。」

## 遙遠的夢幻 Je t'aime,moi aussi

這是個隨時隨地、一切皆有可能的世界,因為想像力預先在這裡留下了它最不尋常的關切。這個世界不再遙遠,不再難以接近。雨果說:「這個又哭又鬧的巴黎,風情萬種,令人眼花繚亂。」這樣一個多姿多彩的城市,註定是地球上很多角落裡那些小女子心心嚮往的聖地。

　　這個女人年華不再，可她依舊堅定自信，鏗鏘豪邁，因為她的生命裡有年輕時候儲藏的愛的寶藏。

　　在那個年輕女子的心裡，巴黎是在茫茫無盡的時間長河中航行時的想像，是她終極的關切和情感的寄宿。那遙不可及的空間與她熱烈的憧憬對峙著，當偶然獲得的一點感覺與憧憬相吻合，雖然沒有任何合乎邏輯的證據，她仍舊快樂地假想著這夢想存在的合理性。那異域的一切虛幻又實在，那樣令人著迷，皆因她為之陶醉的，恰恰就是那模糊的形象，朦朧的感受。

　　那個印象派的巴黎啊！

那吸引力從遙遙遠方來到內心深處，雖脆弱卻有生命力，雖飄渺卻經久不散，寄託著她拳拳的期盼。「我要走向遠方，很遠很遠的地方。」她說，遠方總是好的，因為詩意的生活總在別處。

詩人，生活在別處，在沙漠／海洋，縱橫他茫茫的肉體與精神的冒險之旅。

——法國詩人阿蒂爾·蘭波

這個把純真情感寄予別處的女子，懷揣著史詩般壯烈的情懷，與那個住在巴黎十六區的卷髮男孩，孤注一擲地談著一場跨越時空的異國戀愛。她的想像力是那樣豐富，憑著唱過的巴黎歌曲，讀過的巴黎書籍，看過的巴黎電影，背過的巴黎詩句，或者一部巴黎音樂劇，甚至是與來自巴黎友人的一席話……巴黎活生生地駐在她的心裡。他們依託著書信和電話，認真地虛擬著戀愛的細節和情景：在布洛涅公園，在塞納河左岸，在莎士比亞書店，在加尼葉歌劇院，在香街之上，在鐵塔底下……他懷抱著她，說：Je t'aime，她依偎著他，說：moi aussi。連背景音樂都設計好了：

Sous le ciel de Paris/Marchent des amoureux/Leur bonheur se construit sur un air fait pour eux。
巴黎的天空下漫步著戀愛中的人，他們的幸福建立在專為他們營造的氛圍中。

-- Edith Piaf: *Sous le Ciel de Paris*

愛情本身與我們對愛情的看法之間的差別判若天壤。愛情的本質在於愛的物件本非實物，它僅存在於情人的想像之中。

——馬塞爾·普魯斯特

她自顧自地談著這場假想發生在巴黎的戀愛，她不是不知道：

Dreams are my reality/The only kind of real fantasy/Illusions are a common thing/I try to live in dreams。
夢境就是現實，惟一真實的幻想，幻覺已成平常事，我試著活在夢境裡。

-- Richard Sanderson: *Reality*

　　無論如何，她畢竟是擁有了生命中一次至純、至真，浪漫而奇妙的愛情故事，並如願地將它寫在了巴黎的書頁上，這是她一生的財富。

　　巴黎，是地球上很多角落裡那些小女子遙遠的夢幻。愛情，就應該發生在巴黎！

# 理性的情感 Je t'aime，moi non plus

　　Je t'aime, moi aussi？Parisian巴黎人卻懷疑這種完美愛情誓言的合理性——那好像是中產階級的文化遺存，落滿了灰燼塵埃，是外省人、外國人才追求的東西。在這個存在主義的誕生地，現實主義與浪漫主義早已深深地嵌進了人們的基因裡。接受衝突，接受缺陷，接受不完美，是巴黎人的本性，就像承認大自然中的一部分。連波德賴爾（Charles Baudelaire，法國最偉大的詩人之一，著有《惡之花》）都說花也有惡的也有病態的，更何況是有人參與的愛情？真正的巴黎人從不追求虛無的完美。情到濃時，也一定要理智地給Je t'aime加一個小注腳：moi non plus。

　　Je t'aime，moi non plus，我愛你，我也不愛你。這樣不解風情的調侃出自塞爾日・甘斯布（Serge Gainsbourg，法國流行音樂教父）。當他與碧姬・芭鐸（Brigitte Bardot，暱稱BB）——這個全法國最性感的象徵——在床第間纏綿之時，BB懇請Serge為她譜寫一曲全世界最美麗最動聽的愛情歌曲。迷人的性感小貓說：Je t'aime，醜得像海龜的Serge卻說：moi non plus。

　　這首充斥了喘息呢喃性明示的靡靡之音由於太色情太露骨，被定性為音樂界的艾曼紐（Emmanuelle，三級片電影），曾一度被很多國家很多地區在很多時候禁止播放。

　　Serge卻很不服：這明明是一首純潔的愛情歌曲，真摯坦蕩，

「The music is very pure. For the first time in my life, I write a love song and it's taken badly。」

這個死後被追認為「時代的波德賴爾」的叛逆音樂家，在生前，人們只看到了他形骸放浪、嫉俗憤世的一面，那內心隱藏著的深刻理智與足以讓人絕望的洞察力，卻無人能解。

| | |
|---|---|
| Je t'aime je t'aime | （女）我愛你我愛你 |
| Oh oui je t'aime | （女）噢是的我愛你 |
| Moi non plus | （男）我也不愛你 |
| Oh mon amour | （女）噢親愛的 |
| L'amour physique est sans issue | （男）肉體的愛是無望的 |

短視的人們只聽到了深深的喘息和「來來去去」的呢噥，然而Serge卻在這濃情蜜意之際清醒又痛苦地意識到這肉體的愛是多麼的無望，沒有出路。「It was an "anti-fuck" song about the desperation and impossibility of physical love.」

難道人們就沒有從那優美的旋律中聽出背後隱藏著的憂傷嗎？相信嗎，心有靈犀者聽到這首「色情歌曲」也會難過地落淚？有性無愛（或少愛）背後的歎息，是那樣地寂寥和惆悵，就似除了遙遠而一無所有的遠方。理智的Serge即便懷擁著全法國人民最渴望的性感女神，也一樣抑制不住那蔓延心底森森密密的絕望，為那身心靈不能融為一體的失落與憂傷，越是強調「我要進去」，那肉體實實在在的結合愈加遮掩不住內心的空虛慌張。誰

能說那激情過後不是置身沙漠一般的孤獨和迷茫？

你看在這首歌的MTV裡，與那性感的歌詞、挑逗的聲息相呼應的，是Serge身裹大衣，面目嚴肅，站在埃菲爾鐵塔下，莊重地、肅穆地，卻又彷彿孤注一擲地，發出他愛的宣言：Je t'aime！同時好像又感到了這美好願景離現實太遠，緊跟著再強調：moi non plus。就這麼「我愛你」、「我也不愛你」來回往復地重申，懷著某種宿命的態度來迎接愛情。

Serge死後被葬在巴黎的Montparnasse墓園，與宣揚「美與醜惡不可分割」的詩人波德賴爾，和引領法國人實踐存在主義生活態度的哲學家薩特為鄰。巴黎人民在這幾個哥們的帶領下，在愛情面前，沒有外省人、外國人那種神聖感，覺得愛就愛了，那只是沒有忘記理性的盡情體驗。

# 瞬間與永恆
## ──與王日昇博士探討音樂的特質

# Instant and Eternity
## - Dialogue with Dr. Wang on the Essence of Music

今年四月十六日，在蒙特利爾藝術博物館的音樂廳，當今世界一流的鋼琴演奏家David Fray將舉辦一場獨奏音樂會，演出巴哈的曲目。自從加拿大的古爾德去世後，法國的David Fray和旅居巴黎的華裔朱曉玫都算是世界上演奏巴哈音樂的佼佼者。

「認識」古爾德還要源於琵琶演奏家劉芳的介紹。她給我發來了朱曉玫演奏的巴哈的〈哥德堡變奏曲〉實況，在那個音樂廳裡，劉芳即將舉辦她的琵琶獨奏音樂會。這是我第一回認真聆聽〈哥德堡變奏曲〉（ *The Goldberg Variations* ），那三十段恢宏華美的變奏曲深深地迷住了我。上網研究更多有關這曲目的資訊，才知道世界上關於這首曲子最傑出的演奏者原來是我們加拿大人：葛蘭・古爾德（Glenn Gould，1932-1982）。古爾德演奏巴哈

約翰·塞巴斯蒂安·巴哈Johann
Sebastian Bach (1685-1750)

的權威性，就相當於施納貝爾之於貝多芬，魯賓斯坦之於蕭邦。他不單只是首度將錄製的〈哥德堡變奏曲〉唱片推向廣大聽眾面前的開路先鋒，更是二十世紀巴哈音樂的最佳詮釋者。喜歡他一九八一年去世前一年錄製的版本，既平和又深情，既乾脆又華麗，飽含著知性的思考和長久經驗的光芒。

　　古爾德及〈哥德堡變奏曲〉帶領我走進了巴哈的音樂裡。巴哈是教會樂師，「他的音樂是寫給天使聽的。」這帶著神聖宗教情懷的音樂陪伴著我度過了耶誕節及一整個冬天。耳濡目染，我七歲的寶寶也跟著深深地愛上了他。可笑的是，他琴齡不超過八個月，就敢問老師要〈哥德堡變奏曲〉的譜子來自學。看著七歲的孩子在那裡認真地對待這件龐大的曲目，鋼琴老師覺得真是太好笑了：Un petit garçon joue une grande pièce！一個小孩子在彈奏一件大作品！

愛上了巴哈的寶寶，又自學《十二平均律——C大調前奏曲》（*Prelude in C major No.1, BWV846*）。陶醉在寶寶彈奏的優美旋律之間，我心中不禁升起一個大大的疑問：一件三百來年前巴洛克時期的音樂作品，何以叫一個七歲的孩子這樣深深迷戀？是什麼力量叫現代人如坐上了時光穿梭機一般回到過去與前人心靈共鳴心意相通？三百年前的音樂何以能夠在時光的河裡自由流淌而始終保有其鮮歷久彌新？

我帶著這些疑問去向劉芳的先生兼經理人王日昇請教。日昇是理科博士，在德國留學期間積累了極其豐厚的音樂素養，對德奧古典音樂尤其見解獨到。於是我們之間便有了這樣的對話：

**楓子**：這幾天一直在聽巴哈。突然就有個想法：從前也常聽古典音樂，但從沒想過，音樂這種藝術形式，為什麼可以在時間的長河裡走過幾百年（這裡主要指巴洛克以來的classic music），而今當我們再聽，卻覺得它們少有時間的痕跡？

比如繪畫或雕塑，從其描繪的人、物，或景致等細節中我們都可以看出當時的痕跡；比如思想或政治觀點也都有時代的烙印（如古希臘的民主中也有奴隸制的痕跡）。可是，為什麼在音樂裡時間的痕跡那麼微小模糊？今天聽起蕭邦或更早的巴哈，對不明白這曲子出處的人來說，他也可以猜測這是當代某個作曲家的作品。是否只有音樂有這種特質？為什麼？

**日昇**：音樂是時間藝術，一首樂曲本來是演奏完就消失了，留下來的只是印象而已。嚴格意義上是不可重複的，即使是同

一演奏家也不可能有兩次的演奏完全一樣，因為時間變了，伴隨著心境乃至一切都在改變。唯一不變的是美！

美＝真理＝永恆

但有一個條件：一個大師創造的作品，必須有大師級水準的演奏家才能再賦予它生命（再現它的美）。也許今天的條件和環境與當時很不同，但人心中的「真理」是不變的。所以一旦被演繹出來，就是我們今天感受到的美，是鮮活的。即使使用的樂器與當時的不同，但音樂激發出心靈的感受都是由於美。這就是說瞬間的也是永恆的。當然從作曲手法和表現題材等大致可以推斷出作品產生的年代。但從純音樂欣賞角度看它卻是超越時空的。

繪畫是空間藝術，固定在某個時刻。作品可以保留很久，但反映的內容卻固定在那個時刻。時代變了，不同時代的畫家心中即使找到了同樣的真理（即美），他們的表現手法必然打上時代的烙印，因為他們看到的和想像到的都不同，乃至工具和方法也可以不同。也就是說看似永恆的卻是瞬間的。

然而即使代表當初那個「瞬間」的創造，因為它是美的，也能在今人的心中產生共鳴。所以這個公式仍適用：美＝真理＝永恆

你看你提的問題已經頗有哲學意味了。

楓子：我同意你的看法，音樂就是美就是永恆。我可否這樣理解：音樂在形式上是抽象的無形的，所以不容易看到時間

的烙印。但哲學、思想、理論雖然也是抽象無形的，可時代烙印卻非常明顯。那麼我們只能去追究它們在本質上的區別。按照你的解釋，音樂的本質是真善美。那麼請問是音樂本身即真善美，還是創作音樂的人具有真善美的品格？有一些道德上很有爭議的人物也可以創造出偉大的音樂作品啊（如華格納）。為什麼畢達哥拉斯說「不懂音樂的人是不道德的」？歌德說「不懂音樂的都不能稱之為人，懂欣賞音樂的只能稱為半個人，只有從事音樂的才能稱之為人。」（恭喜，你們家有一個半人了）莎士比亞說「討厭的人是不會唱歌的」。雖然他們的話比較極端，但其間會不會有一點點道理呢？

我想問，為什麼音樂能有真善美的特質？音樂為什麼總被拿來與人的道德品質相提並論？

日昇：音樂不僅是抽象的，根本就無具體「像」可言。即使同樣的音符進入不同人的聽覺器官，產生的「化學作用」也不盡相同（或許每個人都有自己的「像」，但卻是沒法用語言表達的）。儘管從作曲手法可以大致判斷其產生的年代，但感覺是當時的，也是現在的。而且每個聽眾的感受都未必完全相同，但卻可以是相通的。因為是感覺，就不必與實物有所聯繫。所以它可以少有時間烙印。這就是音樂的特質。

目前大家談到音樂與人，都會應用西方哲人的名言。如羅曼‧羅蘭所言：「要是一個人聽了樂器美妙的和絃或

是聽了溫柔的歌聲而不知欣賞，不知道感動，不會從頭到腳地震顫，不會心曠神怡，不會超脫自我，那麼這個人的心是不正常的，醜惡的，墮落的。」

　　但對這個問題最透徹的分析，還是我們的古代哲人。你問的問題在《史記・樂書》裡有很精闢的論述：

　　「凡音者，生於人心者也；樂者，通於倫理者也。是故知聲而不知音者，禽獸是也；知音而不知樂者，眾庶是也。唯君子為能知樂。是故審聲以知音，審音以知樂，審樂以知政，而治道備矣。是故不知聲者不可與言音，不知音者不可與言樂，知樂則幾於禮矣。禮樂皆得，謂之有德。……」

　　當然這裡的「倫理」、「禮」、「政」、「道」等概念不能狹義地理解。單就「倫理」二字，我認為不能按現在意義上的倫理去理解，應該主要指愛。

　　說到底，還是個人的追求和選擇，猶如宗教一樣。也可以歸結到對幸福人生（或有意義的人生）的追求，涉及到如何理解「幸福」。更進一步，什麼是健康的人生，什麼是病態的。

　　道德在人心裡，猶如「愛」在人心裡。音樂本身只是空氣中的聲波震動。它只是連接其製造者和接受者的媒介。沒有人是為了折磨自己而去做音樂或聽音樂，那必定是靈魂和精神層面上的需求。一個頭腦空空毫無追求的人或追求世俗的低級趣味的人，自會聽一些不需思考的「精

神速食」音樂。如果把音樂當作心靈的藥，在特定的時間和場合，人都可能有不同的選擇。也許有人就需要類似重金屬死亡搖滾，也許是為了以毒攻毒？但這絕不是正人君子所為。這種音樂與他心中的道德不合，不能帶給他心靈的安慰或享受。在這裡追求道德之高下，立見分曉。

　　總之，什麼人愛聽什麼音樂，是很容易理解的。這與吃飯不一樣。大家都喜歡吃可口的，是生理需要。音樂與精神追求有關。音樂與道德的聯繫如上所言，在《史記・樂書》裡已有很精闢的論斷。

楓子：我看到，我們引用的這些名人名言，都是古舊時代的。他們那樣說，是否因為在從前，音樂是為宗教服務的，或音樂是上層社會獨有的精神追求的方式，所以他們賦予了音樂以很高的品質內涵，比如真善美。但現代音樂中，如你上次所說，那些聲嘶力竭的聽了讓人想出去殺人的音樂，就不是好的音樂，因為超出了人們審美的道德底線。

　　所以可否這樣說：其實音樂本身並不具備什麼道德或品質方面的屬性，音樂就是一種人們抒發情緒，寄託精神追求的表達方式？

　　不同時代的音樂被當時的人們賦予了不同的風格和內涵，比如具有真善美內涵的音樂多是古典音樂。

日昇：你看，有意思吧？這不是從哲學探討追溯到宗教了？

　　首先在任何時代音樂不僅僅是為宗教服務的。誠如前邊引用《史記・樂書》中所言，就連動物在高興或恐懼時

都會叫喊跳躍，更何況人。音樂是人與生俱來的情感表達和交流的需求，與語言密不可分。如法國大文豪雨果所言：「音樂是表達語言不能表達的、但又沒法憋在心裡不說的東西」。和語言一樣，音樂有美醜之分、雅俗之別。說到底，源於人與動物本質的不同。有些動物也可以發出美妙的聲音，但那只是出於本能。而人有精神上的需要和追求。對於人而言，只要有精神上的追求，自然就有精神境界高低的不同，就不可能繞開信仰和宗教，因為後者是解決每個人在他一生中一定問過的問題：「我從哪裡來？到哪裡去？此生的意義何在？」而最後的結論都歸結到愛。這就是宗教與迷信本質的區別。這也是為什麼各大文明裡的偉大哲人常將音樂與道德相聯繫的原因。

　　有了愛，美才是永恆的。固然時代不同，音樂也有了不同的風格和內涵，但唯一不變的是愛。由愛而真善美，故能感人並超越時空。所以能被人們永遠記住的或稱之為「古典音樂」（這裡指廣義的古典音樂）的都是具有真善美內涵的音樂。無論是民間音樂還是個人的音樂作品，無論出自什麼年代，只要被人們永遠熱愛、永遠記憶，那就是古典音樂或傳統音樂。今天好的音樂作品（現代音樂）中，有些就可能變成明天的古典音樂（或傳統音樂）。所以說，真正的古典音樂（和真正的傳統音樂）是永遠現代的。

　　在這裡需要說明的是，任何民族，無論有無宗教，都

有他們的「古典音樂」或傳統音樂，因為愛是永恆的。沒有音樂的民族是不存在的，誠如愛因斯坦所言，「一個沒有音樂的民族是一個沒有靈魂的民族」。沒有靈魂就等於沒有道德底線，那將是非常可怕的動物世界。我們的古典音樂歷史比歐洲長很多，而且最早的音樂論著也不少，但隨著時間，特別是科舉制度建立後，並沒有得到很大的發展。相比後來的歐洲，狹窄了很多，落後了很多。西方哲人對音樂有很精闢的論述，而我們的主要在古代。很值得我們深思。以下是我比較喜歡的有關音樂的格言。

音樂賦予宇宙以靈魂，賦予精神以羽翼，讓想像放飛，使萬物生動。

——柏拉圖

如果我不是物理學家，那麼我很可能會是一個音樂家。我被音樂魂牽夢繞。我以音樂理解我的生活。

——阿爾伯特・愛因斯坦

音樂表達了那些不可言傳卻又不能沉默的情感。

——維克多・雨果

音樂帶給我們比智慧和哲學更高的啟示。

——貝多芬

生活中，人應該多聽一點音樂，閱讀一些詩歌，欣賞一下美麗的圖畫。如此，上帝賦予我們靈魂的美感就不會被塵世的煩擾所泯滅。

——歌德

美妙的音樂有超能力，可以撫慰躁動的心靈。它是上帝贈與我們最壯麗最振奮的禮物。

——馬丁‧路德

# 到左岸咖啡館朝聖
# Left Bank Cafés Visited

　　那天，在雨中游完了塞納河，帶著一身悲涼上了岸。岸邊是一排排綠色的書亭。我在一家書亭買了Edith Piaf和Yves Montand的歌碟，然後問賣書人：花神咖啡館（Café de Flore）怎麼走？他說一直往街裡面去，走五分鐘就到了。

　　穿過長街窄巷，直奔聖日爾曼大街。濛濛的細雨，灰霾的天空，正是靈魂出竅思緒遠飛的好天景。感謝奧斯曼先生（Baron Georges-Eugène Haussmann）的專制，使我們得以走在與一百五十年前無異的街道上。石子小路，米色樓房，燈柱石欄本無奇異，只因了曾經穿行其間的人的活動，而變得有歷史有故事；塞納河靜靜窄窄本不秀美壯麗，卻因了其河水中流逝的先人的歡笑愁腸而不朽動人。

　　耳畔是Piaf盪氣迴腸的旋律，我也似《午夜巴黎》裡的劇作家一般成功穿越回到那心馳神往的黃金時代。此刻，此時，在「花神」，時光倒流七十年，我的形骸裡附著了波伏娃的靈魂：

避開露臺遮雨棚底下的擁擠，拾級而上，來到寂靜空蕩的二樓，在我和薩特每天寫作的那張臺前坐下。自從巴黎被侵佔，一切都變了樣，圓拱咖啡館是不能去了，都是「灰鼠」（穿灰色制服的德軍）；寒冬裡在花神咖啡館裡起碼不會感到寒冷，我們把這裡當自己的家一樣；此外，它可以使我們與外室隔絕……就這樣每天饑寒轆轆惶惑緊張不說，如今連他也被關在了阿爾薩斯的戰俘營裡。形單影隻的我每天還是習慣性地來到這裡，把從前的寫作改成了寫信：

　　德軍的糧食管制更嚴格了，巴黎人在忍饑挨餓。我每天都是在外面弄點吃的，然後回到這裡直至打烊，寒風刺骨的街道總帶給我一種莫名的興奮；而咖啡館內的溫暖則給我一種舒適的感覺……

——波伏娃日記

　　偶像已逝。在這個雨天的午後，我坐在專屬她的那張桌子前，與她在靈魂上交集會晤。小心地摩挲著那發亮的實木桌面，腦海耳際間神往的盡是前一世紀的光輝影像：在這裡薩特思考著因喝咖啡而存在，還是因存在而喝咖啡的哲學問題；波伏娃在艱澀地描寫著她和他和她的錯愛情仇；因「花神」而結緣的加繆也會偶爾加入進來，鏗鏘三人行，唇槍舌戰，任思想花火的碰撞如翻江倒海山崩地裂……

其實，一杯苦艾酒或黑咖啡本無任何別致之處，「花神」的魅力於我，和那些坐落在巴黎左岸的咖啡館一樣，是熱血沸騰的藝術狂飆，是豪情萬丈的哲學思辯，是社會變革的思潮醞釀，是天翻地覆的壯麗畫卷。

多麼輝煌燦爛的歷史見證！

所以說，來到巴黎，怎能不去左岸咖啡館坐坐呢？！

左岸不是具體的某個地理界線，左岸咖啡也不是某一間咖啡館的名稱。塞納河的左岸，圍繞著聖蜜雪兒和聖日爾曼那兩條大街交匯處、聖日爾曼區、拉丁區，和盧森堡區那些地方，學子教授，文化精英常流連在不同的咖啡館裡；在香煙的繚繞和咖啡的氤氳中，激盪著縝密的思辯，智慧的交集，思想的碰撞。

左岸、咖啡館、知識份子。這三個詞共同塑造了巴黎特有的人文氣質。到底是先有了知識份子的滔滔雄辯，還是先有了咖啡館文化的蓬勃興旺？

其實，世界上最早的街頭咖啡館並非誕生在巴黎，而是在一六四五年的威尼斯。它的出現使得原來上層社會封閉的沙龍生活走上了街頭。在許多城市，它曾是最早的市民可以自由聚會的公共社交場所。而真正令咖啡館文化成型並蓬勃發展起來的卻非巴黎莫屬。早於大革命時期，在大思想家伏爾泰等人的推動作用下，啟蒙運動給老百姓帶來了前所未有的震撼和解放。用哲理和思辨而非暴力說服他人成為時尚。精神的自由和對人性的看重，使得大家有了交流的需要。識文斷字、胸有筆墨的人們在咖啡館裡呼朋喚友，指點江山。在法語裡，知識份子叫Intellectuel

Engagé，是由「Intellectuel」（知識份子）和「Engagé」（介入）這兩個詞組成。在雄辯術和修辭受到重視的法國，知識份子似成長在肥沃土壤裡的參天大樹，高言清議，風雲際會，積極參與介入社會公共事件，推動政治歷史變革，「為以保衛日常生活中的自由」（薩特）。作為最理想的公共聚會場所，咖啡館代替了原先「廣場」的角色，成了法式民主發展的實踐地。

去咖啡館並不是為了喝咖啡，而是左岸知識份子的一種存在方式。

在左岸，與「花神」一樣留下了一連串名人巨匠輝煌名字的咖啡館比比皆是：

在蒙帕納斯的「丁香園」（La Closerie des Lilas），我們彷彿看到海明威正在思考「怎樣寫才能使小說具有深度」，「在令人舒暢的咖啡濃香裡」，只花了六個星期他便寫就了成名作《太陽照常升起》（*The Sun Also Rises*）。在圓拱咖啡廳（Le Dôme）的牆上，張貼著馬蒂斯、畢卡索、達利等現代派繪畫巨匠的相片，那些震天撼地驚世駭俗的野獸派、立體派與超現實主義的思想流派在這裡醞釀成長。

在拉丁區，坐落著巴黎第一間咖啡館「普魯寇」（Café Procope，始於一六八六年）。在「哲人世紀」，狄德羅、盧梭和伏爾泰等文人哲學家在這裡聚會用餐；在十九世紀這裡又是雨果、巴爾扎克、左拉、繆塞、塞尚等人常來的地方。同區的另一間咖啡餐館「拉貝羅斯」（La Pérouse）正是普魯斯特開創意識流小說體裁的所在，在此他完成了《追憶逝水年華》的第一卷〈在

花神咖啡館（Café de Flore）

作者於普魯寇咖啡館（Café Procope）

斯萬家那邊〉。

　　然而說到左岸咖啡館中最負盛名最多遊人朝聖的，當屬聖日爾曼區的「花神」和「雙叟」了！

　　去雙叟咖啡館（Les Deux Magots）的那天，沒有淒風和冷雨，心中的陰霾也滌蕩殆盡：剛在旅途中結識了兩位住在巴黎藝術城的畫家，我們三個結伴而行，精神氣爽輕鬆自得。

　　她就在「花神」的隔壁，巴黎現存最古老的聖日爾曼教堂的對面，倚立在繁華的街角，密密麻麻幾十張桌椅擺開去，行人經過時偶爾還會摩肩擦肘。環境絕對稱不上溫馨浪漫，卻因著曾經是超現實主義藝術家的大本營和存在主義作家的聚會地點而聞名。她也是王爾德生命最後時光的陪伴、畢卡索與他的繆斯女神朵拉‧瑪爾邂逅的見證……

雙叟咖啡館（Les Deux Magots）

羅畫家的素描，於雙叟咖啡館

我們夠幸運，被派到了一張門口正中間第一排的首席座位。左邊緊挨著一對白人男女，右邊是一雙摩洛哥情侶。羅畫家被這摩洛哥小麥色「有內容」的臉龐所吸引，奮筆寫生；小周拿著筆記本整理我們東歐之行的相片；我則忙著用相機鏡頭記錄下過路人的千姿百態，和小周用中文毫無顧忌地對他們評頭論足。

　　這裡是看人與被看的最佳所在。

　　「你看這巴黎女人，著實不夠驚豔，再加上一色的黑黢黢服飾，不失不過的保守風格，中年女性由於生活的歷練加上文雅的裝扮，還算頗有幾分氣質，而年輕的女孩們就很不起眼了。不像在北美：那裡是移民社會，馬賽克文化下產生了太多的混血美豔女郎，加上她們又敢於嘗試各種色彩和式樣，把年輕俏麗的身體盡展無遺。」

　　「這些時尚之都的『時尚教主』們，為什麼看起來都千人一面，毫無個性所言呢？所謂引領時尚應該是獨特和創新吧，每年春秋兩季巴黎時裝周所帶給我們的視覺盛宴，與眼前這巴黎女人黑灰米色沒完沒了的潮流輪回相比，實在是不能自圓其說，無法服眾。」

　　當一臉邪魅與調皮之氣的摩洛哥人給羅畫家遞上第四根煙的時候，我旁邊的男人過來搭訕。客套寒暄一輪之後，是劍拔弩張的對話：

　　我：……此行在法國，一直拿她與北美進行著對比。我發現兩者之間的差異非常之大。比如說這時尚。在北美那個色彩斑斕的大拼盤裡，多元文化的概念，對個性化

的推崇已經深深植入人們的骨髓。他們不要權威，不會盲從，穿衣打扮盡顯個性，特立獨行，自信而驕傲；反觀巴黎人則彷彿唯恐與別不同，他們緊追潮流，生怕落伍，滿大街一年四季總是那樣暗沉沉的混合色，膽小畏葸，毫無主見！

他：（毫不掩飾作為歐洲白人的高傲）北美的個人主義源於他們沒有歷史和過去，因而沒有也無從尋找身分的認同感。那裡的人除少數精英，大部分是沒教養的人，說話辦事欠深思熟慮，魯莽草率；而歐洲人有自己光榮的歷史，我們的生活中從來少不了政治、歷史和藝術。我們很自豪自己的身分，所以願意維護能夠表現這種身分的符號，比如時尚趨勢，比如生活方式。凡是和主流認同的方式不同的人都不是和我們同樣身分的人！……

羅畫家遞過來我和他聊天的速寫。這位白人大方地為我們叫了啤酒。臨走他遞給我一張名片，上面寫著：CEO: Bank of Luxembourg。

難怪這麼囂張！

在雙叟與盧森堡銀行CEO激辯

# 莎士比亞書店
# Shakespeare and Company

　　我的「讀書行路」欄目到本期止，已經寫了八萬多字，十九期了。這個欄目的名稱寓意著我的人生理想：一半時間在書房，一半時間在路上。讀書、旅行，是我生命中最快樂的事情。讀書可以使我獲知世界上那些不能抵達的地方的人和事，讓我的視野更廣闊，心胸更包容，豐富智慧上和道德上的想像力。而行路則使我得以親身去驗證那些從書本裡獲悉的知識和經驗，感知生命中最鮮活最生動的點滴事件；而反過來那些親身獲得的經驗又會促使我去閱讀更多相關的書籍以尋找堅實的理論依據……樂此不疲。

　　也總想，當有一天，等我老了，當旅行不再是說走就走的瀟灑，那麼，當我讀書累了，又有精力又有欲望想參與身邊的真實生活，想有一個契機和場合獲悉最新的資訊和動態，那麼什麼事情能夠幫我達成這種願望呢？

　　也許開一間書店會是最好的選擇。

我這書店也不打算去正經經營的，只要不蝕本，怎麼折騰都行。那些書將堆放得到處都是，走路時一不小心身子就會碰著，腳會踢著，頭頂會撞著；也不編目，也不分類，讓那些貪心的書蟲們一通亂翻吧，這會給他們帶來無限的誘惑和刺激：也許下一本就會淘到心儀的寶貝！新書、舊書，繪畫、雕塑，都賣吧！更主要的是，這輕鬆無拘的氛圍會吸引一班志同道合的讀書人，可以把這裡當作一個以書結緣，談天說地，分享寫作閱讀心得的聚會場所。

　　就像我摯愛的比奇（Sylvia Beach）小姐做的那樣。

　　她開創「莎士比亞書店」那會兒，也是菜鳥一枚，毫無頭緒，想要幫客人找本書，必得亂翻一通，憑著記憶去找尋那書的大致方向。那時她還年輕，沒有經驗沒有錢，不知道顧客在哪裡，只憑著對書籍的單純的熱愛，就勇敢地在巴黎的法語環境中開設了一家英文書店。

　　這間不起眼的小書店，終究還是吸引了一幫英文書的讀者前來尋寶。如果那些顧客都是普通的讀書人來看書買書也就罷了，那麼「莎士比亞」註定就只是一間書店；可偏偏那時，在二十世紀二、三十年代，英美國家的作家們為了擺脫本國意識形態的諸多限制，紛紛來到巴黎追尋自由思想的表達。於是，「莎士比亞」便成了他們的接頭地點，文化沙龍，讀書會，圖書館，出版社，及銀行，郵局……而比奇小姐便成了親歷那個黃金年代現代主義文學蓬勃興起的最佳見證人。

　　最初知道巴黎有一家叫「莎士比亞」的書店，還是因為海

明威。在他的《流動的盛宴》裡，海明威用了二十個章節來描寫巴黎二十年代的舊事，其中專門有一章就是「莎士比亞圖書公司」。他說：

> 在那些沒錢買書的日子裡，我從莎士比亞書店租書看。在我認識的人裡，沒有人待我比她（比奇小姐）更好。第一次踏進書店時，我非常害羞，也沒有足夠的錢從店裡租書。她說我可以有錢的時候再來交押金，還給了我一張卡，說想借多少本就可以借多少本。她沒有任何理由相信我。她不認識我，而我給她的位址，又在一個窮得要命的地區……

讀他的《流動的盛宴》時，我印象最深的就是這一章節，倒還不是因為莎士比亞書店，而是在這裡，海明威寫下了他一生中最真摯最純粹也最令他痛徹心肺（Touching his worst scars -- William Boyd）遺憾終生的愛情：

> 我帶著書回去，把發現的那個好地方告訴了妻子。「但是，塔迪，你下午就得去把錢還上。」她說。
> 「當然，我們一起去，然後可以沿塞納河走一走。」
> 「看看那些畫廊和商店櫥窗。」
> 「然後在那吃飯。」
> 「吃過飯後看看書，然後上床做愛。」

「我們永遠不會愛上別人。」

「對，永遠。」

那是他的第一段婚姻，而發過誓以後不久，他就被別的女人勾走了，連帶著把婚姻也銷毀了。

海明威直到晚年生命終結之前，仍在對那段最純潔美好婚姻的失去耿耿於懷，他的鐵漢柔情叫我動容，心有戚戚焉。於是在巴黎的時候，我特意去趟了莎士比亞書店，不是為了比奇小姐，而是因為海明威！在那裡，我買了他的英文版的《流動的盛宴》（*The Moveable Feast*），坐在書店裡把書翻到Shakespeare and Company那一章，再讀一遍。

其實，我去的這間莎士比亞書店已經不再是海明威常去的那間比奇小姐開的書店了，那間在二戰期間，因為比奇小姐不肯將她們出版的喬伊絲的《尤利西斯》賣給德軍，而被迫關閉了，比奇小姐也連帶著被送進集中營六個月。現在這間坐落在塞納河左

比奇小姐（右二）與海明威在
莎士比亞書店前（1919）

岸，與巴黎聖母院毗鄰的，吸引著一車又一車觀光客的莎士比亞書店，也是以經營英文書籍為主，牆上也貼著當年比奇小姐和眾作家們的相片。現在書店的年輕女主人也叫西維亞，而這只不過是此書店的老店主因為太熱愛比奇小姐了，因而給自己的孫女取了一樣的名稱。

比奇小姐的莎士比亞書店關閉十年後，美國來的喬治・惠特曼於一九五一年開設了現在這家莎士比亞書店，因襲了「莎士比亞」這個名稱也是經過了比奇小姐的允許。即便它不再是原來那間見證了二十世紀現代主義運動的吉祥地，及「迷惘的一代」的精神殿堂，愛書的人們還是從世界各地絡繹湧來，把這裡當作當年的那間書店來憑弔。

當年，可不是一般的年頭，那些雄赳赳閃亮亮的時日，可是巴黎的Golden Age：一九二〇年代！那是怎樣的一個黃金年代啊：喬伊絲、龐德、畢卡索、史特拉汶斯基……文學繪畫音樂各界的扛鼎大家都聚首在巴黎創立著各式流派，創造著各樣傳奇。而這邊廂，在巴黎四區迪皮特朗街的莎士比亞書店裡，更是星光熠熠、群星璀璨：安德列・紀德最早辦理了會員卡；饑腸轆轆的青年海明威每天早上一定準時前來報到；龐德夫婦從英吉利海峽那邊涉水而來；「迷惘的一代」的提出者格特魯德・史坦因也從花街那邊趕來；偉大的愛爾蘭人詹姆斯・喬伊絲把這裡當作了自己的辦公室；了不起的菲茨傑拉德給比奇小姐畫著漫畫；牆上的相片都是超現實主義藝術家曼・雷拍攝的；T・S・艾略特為面臨困境的書店慷慨解囊……還有那一批批來自新大陸的「朝聖

者」，把小小的莎士比亞書店擠得門庭若市、熱鬧非凡。

幸好比奇小姐把那些故事寫在了〈莎士比亞書店〉中，使我們得以重溫當年那文壇名人薈萃的盛況。我偏愛回憶錄或半自傳體類的書籍，就是因為從中可以一略我感興趣的那些文化事件發生時的歷史背景和演變過程，比如看波伏娃的《名士風流》，我瞭解了二戰後法國知識份子的群體命運；從海明威的《流動的盛宴》，我對上世紀二十年代混跡於巴黎的英美流亡作家藝術家的生活創作有所認識。比奇小姐的這本回憶錄也是，從另一個角度為海明威的盛宴添加了一道豐盛鮮美的大餐。

文字是作者人格的反照。讀完比奇的回憶，留給我深刻印象的倒還不是那一個個名人作家的捧場造訪，也不是她與他們的頻密交往，而是比奇的善良、真誠和樂於助人的品質。我把莎士比亞書店得到的讚譽和歷史地位歸功於她的為人。一間小小的書店，緣何又同時是沙龍，郵局，和銀行？因為那些作家們把書店當作了自己在巴黎最信賴的歸所，讓家人把信寄到這裡，沒錢了來這周轉一下，聚會見面都安排在這裡，還有那些新書朗誦會，文學交流會……熱情善良的比奇小姐那樣慈悲，把那些剛剛起步的青年作家們的難處都當作自己的事情來處理，就像海明威寫的那樣：在我認識的人裡，沒有人待我比她更好。

後人都羨慕她一個小小的書店可以成為二十世紀百大英文小說之首《尤利西斯》的出版商，可是讀過她敘述的這本書出版的前前後後那些艱難過程，她為此付出的全部心血與熱忱，不禁感慨：莎士比亞書店是偉大的《尤利西斯》最合格的出版商。

「我付出的努力和犧牲，是與所出版的偉大程度成正比的。」比奇小姐說。這本書當時被英美國家列為禁書，喬伊絲拿著手稿到處碰壁。可在比奇眼裡，那樣恢宏的巨著怎麼可以就這樣被黯然塵封？這位三十四歲的姑娘根本不懂出版業，也壓根不知道怎樣去做，只憑著對這偉大作家無限的崇敬及仰慕，她試探著問了一句：也許莎士比亞書店可以出版《尤利西斯》？

　　一句承諾，意味著全身心全方位的投入：一遍遍校對喬伊絲那不停在塗改的「天書」，聯絡膽敢接受禁書的印刷商，為尋找「希臘藍」的封面紙張而費盡周折，使勁全身解數推廣預售，將微薄的收入借給喬伊絲做生活費，幫他找大夫看眼疾陪他做手術……

　　即便後來境況好轉的喬伊絲不再百分百地依賴比奇，甚至甩開她偷偷與美國蘭登書屋簽訂再版合同，她也只有這句：「喬伊絲還告訴我他已經從出版商那裡收到了四萬五千美元。我知道他多麼需要這筆錢——女兒的醫藥費不停上漲，他自己的視力也在持續惡化，因此這個好消息讓我十分高興，這真是雪中送炭。至於我個人的感受，也不是什麼光彩的事，既然多說無益，就讓一切過去吧。」

　　比奇在談到其他作家時，也總是願意將他們最美好的一面呈現給讀者，哪怕是一些不那麼光彩的行為，她總能找出一些理由來為他們辯護，從積極的角度試圖理解和體諒。我想，這種友善寬厚的品質其實追根溯源就是愛。她愛書籍，愛作家，真誠地全心全意地去愛他們。愛的力量可以化解一切誤解與齟齬，它就像

晨光能夠驅走漫長的黑暗，就像雨露可以滋潤乾涸的心田。比奇小姐及她的莎士比亞書店能夠被後人長期地記憶和敬愛，是她精心耕耘後必得的收穫。

坐落在塞納河邊的莎士比亞書店

像巴黎的其他店鋪那樣，現在的莎士比亞書店也是空間局促又逼仄。在那樣促狹的區域裡，現店主西維亞卻仍奢侈地闢出一些位置給床，鋼琴，和兒童閱讀區。那些床是給流浪作家在此過夜的；一架老鋼琴是留待一時興起的讀者抒發感情的；小朋友也要照顧到，讓他們從小就能夠在書籍的世界裡薰陶成長，就像當年海明威的小邦比將人生的頭幾步從這裡邁出一樣。

那天我就倚在開滿鮮花的陽臺上，望去巴黎聖母院的方向。有女孩在彈奏鋼琴曲，是唱巴黎的老歌：〈塞納河〉（*La Seine*）。塞納河就在身邊靜靜地流淌，她把發生在這裡的故事悉數盡收水底。緣何後人如此虔誠地憑弔前塵往事？

為何一間書店能夠成為巴黎的座標性紀念物？不禁想起了我喜愛的鳳凰衛視主持人梁文道在他的讀書節目《開卷八分鐘》裡說的話：今天在我們這個時代有太多娛樂的選擇，而當一個人居然能夠選擇走進書店，拿起一本書，那一刻也許連他自己都不清楚其實他是有一種願望：改變自己，提升自己。這是一個很偉大而又很卑微的願望，他希望讀書能夠讓他變得更寬容，更客觀和更善良。

我們短暫的生命，被其前後漫長的永恆所淹沒。如何最好地把握這疾行的一瞬，活出高貴的絢爛？我選擇讀書。讀書能夠使我們在慎思中生活，直面生命中本質的事實；能夠培育維護我們的靈魂，使其變得愈加神聖而堅強。讀書讓我們的智慧始於作者智慧的終止之處，收穫其思想，提升求知欲望。在孤獨的閱讀中我們惰怠的心靈還可以被另一個心智所推動，獲得有益的訓練，提升高貴的精神性。

我享受讀書，耽於讀書帶來的幸福。算算我這總共十九期的專欄裡，介紹過的書籍也有十來本了：奧爾汗‧帕穆克的《伊斯坦布爾：一座城市的記憶》和《純真博物館》；波伏娃的《女賓》及《名士風流》；彼得‧梅爾的《山居歲月：普羅旺斯的一年》；海明威的《流動的盛宴》；普魯斯特的《追憶似水年華：在斯萬家那邊》、《追尋逝去的時光：在少女花影下》，以及現在這本西維亞‧比奇的〈莎士比亞書店〉。得益於這一年半的專欄寫作，使我可以靜心讀書，在閱讀中享受那份與作者交流時身體的孤獨。那些智慧的語言把靈魂的生命向我敞開，被這樣的

文字滋養時，我覺得自己變得又謙卑又富有，又多愁又幸福。所以我一直認為生活中最快樂的日子，就是在我讀書寫作的那些時候。

巴黎莎士比亞書店

彌漫在秋光裡的法國香頌

釀旅人19　PG1401

 彌漫在秋光裡的法國香頌
——旅遊文學集

| | |
|---|---|
| 作　　　者 | 楓　子 |
| 責任編輯 | 陳佳怡 |
| 圖文排版 | 莊皓云 |
| 封面設計 | 王嵩賀 |

| | |
|---|---|
| 出版策劃 | 釀出版 |
| 製作發行 | 秀威資訊科技股份有限公司 |
| | 114 台北市內湖區瑞光路76巷65號1樓 |
| | 電話：+886-2-2796-3638　傳真：+886-2-2796-1377 |
| | 服務信箱：service@showwe.com.tw |
| | http://www.showwe.com.tw |
| 郵政劃撥 | 19563868　戶名：秀威資訊科技股份有限公司 |
| 展售門市 | 國家書店【松江門市】 |
| | 104 台北市中山區松江路209號1樓 |
| | 電話：+886-2-2518-0207　傳真：+886-2-2518-0778 |
| 網路訂購 | 秀威網路書店：http://www.bodbooks.com.tw |
| | 國家網路書店：http://www.govbooks.com.tw |
| 法律顧問 | 毛國樑　律師 |
| 總 經 銷 | 聯合發行股份有限公司 |
| | 231新北市新店區寶橋路235巷6弄6號4F |
| | 電話：+886-2-2917-8022　傳真：+886-2-2915-6275 |

| | |
|---|---|
| 出版日期 | 2016年01月　BOD一版 |
| 定　　價 | 300元 |

## 國家圖書館出版品預行編目

彌漫在秋光裡的法國香頌 -- 旅遊文學集 / 楓子
著. -- 一版. -- 臺北市：釀出版, 2016.01
　　面；　公分. -- (釀旅人；19)
　BOD版
　ISBN 978-986-445-068-8(平裝)

　1. 旅遊文學　2. 世界地理

719　　　　　　　　　　　　　　104022162

# 讀者回函卡

感謝您購買本書，為提升服務品質，請填妥以下資料，將讀者回函卡直接寄回或傳真本公司，收到您的寶貴意見後，我們會收藏記錄及檢討，謝謝！如您需要了解本公司最新出版書目、購書優惠或企劃活動，歡迎您上網查詢或下載相關資料：http:// www.showwe.com.tw

您購買的書名：_____

出生日期：_____年_____月_____日

**學歷**：□高中 (含) 以下　　□大專　　□研究所 (含) 以上

**職業**：□製造業　□金融業　□資訊業　□軍警　□傳播業　□自由業
　　　　□服務業　□公務員　□教職　　□學生　□家管　□其它_____

**購書地點**：□網路書店　□實體書店　□書展　□郵購　□贈閱　□其他

您從何得知本書的消息？

　　□網路書店　□實體書店　□網路搜尋　□電子報　□書訊　□雜誌

　　□傳播媒體　□親友推薦　□網站推薦　□部落格　□其他_____

您對本書的評價：(請填代號　1.非常滿意　2.滿意　3.尚可　4.再改進)

　　封面設計____　版面編排____　內容____　文／譯筆____　價格____

讀完書後您覺得：

　　□很有收穫　□有收穫　□收穫不多　□沒收穫

對我們的建議：_____

_____

_____

_____

11466
台北市內湖區瑞光路 76 巷 65 號 1 樓

**秀威資訊科技股份有限公司**　　　收

BOD 數位出版事業部

⋯⋯⋯⋯⋯⋯⋯⋯⋯⋯⋯⋯⋯⋯⋯⋯⋯⋯⋯⋯⋯⋯⋯⋯⋯⋯⋯⋯⋯⋯⋯⋯

（請沿線對折寄回，謝謝！）

姓　　名：＿＿＿＿＿＿＿＿＿　年齡：＿＿＿＿　性別：□女　□男

郵遞區號：□□□□□

地　　址：＿＿＿＿＿＿＿＿＿＿＿＿＿＿＿＿＿＿＿＿＿＿＿＿

聯絡電話：(日) ＿＿＿＿＿＿＿＿＿　(夜) ＿＿＿＿＿＿＿＿＿

E-mail：＿＿＿＿＿＿＿＿＿＿＿＿＿＿＿＿＿＿＿＿＿＿＿＿